반려동물 행동 심리학

강성호 저

반려동물 행동 심리학

펴 낸 날 2026년 2월 23일

지 은 이 강성호
펴 낸 이 이기성
기획편집 권희연, 최인용, 이서은
표지디자인 권희연
책임마케팅 이수영, 김정훈
펴 낸 곳 도서출판 생각나눔
출판등록 제 2018-000288호
주   소 경기도 고양시 덕양구 청초로 66, 덕은리버워크 B동 1708, 1709호
전   화 02-325-5100
팩   스 02-325-5101
이 메 일 bookmain@think-book.com

반려동물 행동 심리학

강성호 저

생각나눔

반려심리학, 새로운 공존의 시대를 열며

반려동물과 함께하는 삶은 더 이상 낯선 풍경이 아니다. 그들은 오늘날 우리의 집 안에서 잠들고, 일상 속 기쁨을 나누며, 감정의 가장 가까운 거리에 존재한다. 그 관계는 '소유'의 개념을 넘어, 삶의 일부가 되었고, '함께' 살아간다는 말의 진정한 의미를 되묻게 한다.

그러나 가까워질수록, 예상치 못한 심리적 난제들이 모습을 드러냈다. 분리불안, 공격성, 반응성 문제뿐 아니라, 반려동물을 떠나보낸 이들이 겪는 깊은 상실감과 죄책감. 왜 그토록 사랑하는 존재와의 관계에서 고통이 발생할까? 이 단순한 질문은 나를 오랫동안 붙잡았다.

기존의 해답은 부족했다. 동물의 행동을 교정하려는 훈련, 생물학적 원인만을 찾는 의학, 혹은 인간의 심리에만 초점을 맞춘 상담. 그러나 나는 점점 더 확신하게 되었다. 이 관계는 단선적이지 않다. 보호자의 마음과 반려동물의 반응은 정교하게 연결되어 있으며, 하나의 유기적 시스템처럼 작동한다.

그때 떠오른 개념이 바로 '반려심리학'이다. 인간과 반려동물의 관계를 심리학적으로나 통합적으로 바라보는 프레임, 그동안 분절적으로 존재하던 심리학, 행동학, 인지과학, 애착 이론 등을 하나로 묶어내는 새로운 시각이 필요하다고 느꼈다.

이 책은 그 탐구의 여정을 담고 있다. 인간과 동물의 애착, 행동, 감정, 상실, 치유, 재사회화, 그리고 AI와의 새로운 관계까지. 나는 관계의 깊이를 이해하기 위해 보호자의 심리, 동물의 정서, 그리고 그 사이에서 발생하는 상호작용의 역동을 끈질기게 추적했다. 그 여정 끝에서 나는 깨달았다. 반려동물과의 관계는 단순한 애정이 아닌, 상호적 성장의 장이라는 것을. 문제를 교정하는 것을 넘어, 서로를 이해하고 돌보며, 존재한다는 사실을 말한다.

이제 나는 반려동물과 함께 살아가는 이들에게 단순한 조언이 아닌, 심리적 안내서를 제공하고자 한다. 이 책이 당신에게 질문을 던지고, 당신의 관계를 되돌아보게 하며, 더 깊은 공존의 가능성을 제시하길 바란다.

이 책은 단지 이론서가 아니다. 새로운 시대의 문을 여는 선언이다. 반려심리학은 이제 막 시작된 여정이며, 그 중심에는 당신과 당신의 반려동물이 있다. 이 작은 책 한 권이 더 많은 이들의 마음을 연결하고, 공존과 성장의 물결을 만들어내길 진심으로 소망한다.

2025년 12월의 어느 날

제1장 반려심리학의 개념과 학문적 범위

제2장 반려동물의 정서와 인지 메커니즘

제3장 반려동물의 행동과 학습 심리

제8장 · 트라우마와 재사회화 심리

제9장 · 펫로스(Pet Loss)의 개념과 단계

제 10 장 · 펫로스 상담과 치유 심리

Pet
Behavioral
Psychology

반려심리학의 개념과 학문적 범위

본 장은 반려심리학(Companion Animal Psychology)의 학문적 정체성과 연구 범위를 포괄적으로 조망한다. 반려심리학은 인간과 반려동물 간의 상호작용 속에서 발현되는 양측의 심리적 기제를 탐구하는 학제적(interdisciplinary) 분야이다. 이는 단순한 동물 행동 분석을 넘어 심리학, 동물행동학, 인지과학, 사회학 등의 이론을 융합하여 감정, 인지, 관계라는 세 가지 핵심 축을 중심으로 인간-동물 유대(Human-Animal Bond)의 본질을 규명한다. 본문에서는 반려심리학의 역사적 변천 과정을 기능적 관계에서 정서적 동반자 관계로의 전환을 통해 추적하고, 옥시토신 분비와 같은 감정 교류의 과학적 근거를 제시한다. 또한, 행동심리학적 학습 원리, 동물의 인지적 해석 능력, 생애주기에 따른 발달심리학적 변화, 그리고 현대 사회의 구조적 변화 속에서 반려동물이 차지하는 사회문화적 위상을 다각적으로 분석한다. 마지막으로, 연구 수행에 있어 필수적인 윤리적 원칙을 강조하며, 인공지능(AI) 기술 접목, 고령화 사회 대응 등 미래 사회가 제기하는 새로운 과제와 반려심리학의 확장 가능성을 논의함으로써, 이 학문이 궁극적으로 인간과 동물의 관계를 재정의하고 삶의 질을 향상하는데 어떻게 이바지할 수 있는지 탐색한다.

1-1

반려심리학의 정의와 연구 대상

“당신의 개는 왜 당신만 보면 웃을까?”

반려심리학(Companion Animal Psychology)은 단순히 동물의 마음을 이해하기 위한 학문을 넘어, 동물과의 관계 속에서 드러나는 인간의 마음마저 탐구하는 이중적 구조의 학문이다. 퇴근 후 현관문을 여는 순간, 반려견은 사람보다 먼저 그 존재를 감지하고 문 앞에 선다. 독특한 발걸음 소리, 익숙한 냄새, 보호자의 일상적 행동 패턴은 모두 반려견에게 하나의 신호가 된다. 문이 열리면 반려견은 온몸으로 기쁨을 표현하는데, 이 익숙한 장면 속에는 정서, 인지, 관계가 맞물린 복잡한 심리적 기제가 작동한다. 반려심리학은 바로 이 일상 속 감정과 행동의 상호작용을 해석하는 데 초점을 맞춘다. 초기에는 개와 고양이를 중심으로 연구가 시작되었으나, 현재는 인간과 정서적 관계를 형성할 수 있는 동물 전반으로 그 대상이 확장되고 있다.

1-2

학문적 성격과 연구 영역

“훈련서를 넘어, 마음의 지도까지.”

기존의 반려동물 관련 서적이 대부분 훈련법이나 관리법에 집중해 온 것과 달리, 반려심리학은 단순한 행동 교정의 기술서가 아니다. 이는 심리학, 동물행동학, 인지과학, 수의학, 사회학이 교차하는 접점에서 반려동물과 인간의 관계를 정서적·인지적·사회적 구조로 해석하는 학제적(interdisciplinary) 분야다. 훈련 매뉴얼이 특정 행동을 '어떻게' 유도할지에 대한 기술적 지침이라면, 반려심리학은 그 행동이 '왜' 발생하는지, 그 이면에 어떤 정서, 동기, 관계가 작동하는지 설명하는 마음의 지형도에 가깝다. 반려심리학의 핵심 연구 영역은 다음 세 가지로 요약되며, 이들은 서로 분리되지 않고 유기적으로 연결된다.

- 감정 연구: 공포, 기대, 불안, 애착 등 반려동물의 정서적 기반을 이해한다.
- 인지 연구: 문제 해결, 시선 추적, 인간의 제스처 해석 등 인지 능력을 분석한다.
- 관계 연구: 인간–동물 간 애착 형성, 상호 정서 조절, 사회적 동반성을 탐구한다.

1-3
역사적 배경

"늑대가 소파 위로 올라오기까지."

늑대가 인간에게 공포의 대상이었던 시기에서 오늘날 반려견이 인간의 정서적 동반자에 이르기까지의 변화는 단순한 가축화의 역사가 아니라 관계의 역사다. 이 과정은 인간이 동물을 어떻게 이해해 왔는가의 역사이자, 동시에 인간이 자신을 어떻게 규정해 왔는가를 드러내는 문화적 지표이기도 하다. 시대별로 인간과 동물의 관계는 다음과 같은 변곡점을 거쳐왔다.

- 기능 중심 관계: 사냥, 목축, 경비 등 도구적 역할에 집중된 시기.
- 신분적 상징: 귀족 사회에서 특정 품종의 동물을 소유하며 부와 지위를 과시.
- 협력적 동반자: 전쟁과 재난 구조 과정에서 인간과 협력하는 파트너로 인식.
- 가족 구성원: 산업화·도시화 이후 정서적 유대를 기반으로 한 가족의 일원으로 편입.

1-4
감정 교류의 과학적 근거

"눈빛, 심장, 호르몬."

보호자와 반려견이 시선을 마주치는 것만으로도 관계가 돈독해지는 경험은 명확한 생물학적 기반을 가진다. 연구에 따르면, 시선을 공유하는 동안 사람과 반려견 모두의 체내에서 옥시토신(Oxytocin) 분비가 증가한다. 옥시토신은 흔히 '애착 호르몬'으로 불리지만, 더 정확하게는 신뢰, 안정감, 사회적 연결감을 높이는 신경생물학적 매개체다. 이는 두 존재가 서로를 단순한 개체가 아닌 하나의 정서적 대상으로 인식하고 있음을 보여준다. 또한, 개는 사람의 표정, 목소리 톤, 억양의 미세한 차이를 구분하여 정서적 단서를 읽어내는 '정서적 조율 능력'을 갖추고 있다. 이러한 연구들은 보호자와 반려동물의 관계가 일방적 훈육의 결과가 아니라, 감정적 상호작용의 누적을 통해 형성됨을 과학적으로 뒷받침한다.

1-5

행동심리학과의 연계성

"훈육이냐, 학습이냐?"

행동심리학의 원리인 보상, 기대, 강화, 예측 가능성은 인간과 동물 모두에게 동일하게 작용하며, 반려동물의 행동을 이해하는 가장 기초적인 틀을 제공한다. 반려동물의 행동을 변화시키려는 접근은 크게 두 가지로 나뉜다. 하나는 원치 않는 행동에 처벌을 가해 행동의 빈도를 줄이려는 방식이고, 다른 하나는 바람직한 행동에 보상을 제공하여 긍정적 학습 경험을 쌓게 하는 방식이다. 두 방식 모두 단기적인 변화를 유도할 수는 있지만, 장기적으로 안정적인 행동을 형성하는 것은 감정적으로 안전한 환경에서 비롯된 긍정적 학습 경험이다. 진정한 의미의 훈련이란 동물을 복종시키는 기술이 아니라, 세상의 규칙을 이해하고 예측할 수 있다는 안정감을 제공하는 소통의 과정이다.

1-6

인지심리학과의 교차점

"개는 당신을 어떻게 이해하는가?"

개의 인지 능력은 단순히 '명령을 배우는 능력'에 그치지 않는다. 개는 인간의 감정을 단순히 감각적으로 수용하는 것을 넘어, 이를 인지적으로 해석하고 자신만의 판단 체계를 통해 반응한다. 즉, 사람이

슬픈지, 긴장했는지, 기쁜지를 눈빛, 목소리, 몸짓을 통해 알아차리고, 그에 맞춰 옆에 다가와 기대거나, 장난을 걸거나, 조용히 머무는 방식으로 사람의 감정을 안정시키는 조율자의 역할을 한다. 대표적인 인지 능력은 다음과 같다.

- 의도 파악: 사람의 시선을 추적하여 무엇에 관심이 있는지 파악한다.
- 정서 분류: 사람의 표정과 억양에 따라 긍정적·부정적 감정을 구분한다.
- 제스처 인지: 손가락으로 특정 대상을 가리키는 행위의 의미를 이해한다.
- 사회적 조절: 사회적 맥락을 파악하고 그에 맞는 적절한 행동을 선택한다.

이러한 능력은 개가 단순한 학습 주체를 넘어 인간의 감정 상태에 대한 해석자임을 보여준다. 반려견과 많은 오해는 개가 몰라서가 아니라, 사람이 개가 이해하는 방식과 다르게 소통하기 때문에 발생한다.

1-7
발달심리학적 관점

"자견부터 노령견까지, 마음의 성장곡선."

반려견의 심리는 생애주기에 따라 뚜렷한 발달적 변화를 보이며, 이는 인간의 발달 과정과 놀라울 정도로 유사하다. 사회화 시기(생후 3~12주)의 강아지는 주변 세상을 탐색하며 기본적인 안정감과 사회성을 학습한다. 청소년기에는 독립성과 호기심이 증가하며 충동적 행동이 나타나기도 한다. 성견 시기는 기질과 관계가 안정되고 예측 가능성이 높아지는 시기다. 노령견에 접어들면 감각 기능 저하와 같은 신체적 변화를 겪지만, 보호자와의 정서적 유대는 오히려 깊어지는 경향을 보인다. 이처럼 반려견의 마음은 평생에 걸쳐 성장하고 변화하며, 표현 방식이 달라지더라도 관계의 깊이는 더욱 단단해질 수 있다.

1-8
사회문화적 관점

"반려동물, 가족이 된 존재."

현대 사회에서 반려동물이 가족 구성원으로 자리 잡은 현상은 단순한 애정의 문제를 넘어선 사회문화적 변화의 산물이다. 1인 가구 증가, 고령화, 감정노동 사회의 심화, 그리고 SNS를 기반으로 한 관계의 재구조화는 현대인에게 새로운 형태의 정서적 지지를 요구하게 되었다. 이러한 환경 속에서 반려동물은 결핍된 애착, 관계의 공백, 사회적 고립감을 완충하는 중요한 심리적 장치로 기능한다. 이는 반려동물이 인간관계를 대체한다는 의미가 아니라, 변화하는 인간의 정서적 구조 속에서 새로운 사회적 자리를 차지하게 되었음을 뜻한다.

1-9
연구방법론과 윤리

"과학이 동물에게 상처 주지 않으려면."

반려심리학 연구는 자연스러운 행동을 기록하는 관찰법, 특정 가설을 검증하는 행동 실험, 보호자를 대상으로 하는 설문, 영상 분석, AI 기반 행동 데이터 수집 등 다양한 방법을 활용한다. 그러나 연구의 과학적 유효성 못지않게 중요한 것은 연구 과정의 윤리적 기준이다. 반려동물은 연구 대상인 동시에 고통과 스트레스를 느끼는 정서적 존재이기 때문이다. 따라서 최소한의 스트레스 노출 원칙, 보호자의 명확한 사전 동의, 데이터의 익명성 보장, 실험 후 충분한 회복 시간 제공 등 다층적 윤리 기준이 반드시 요구된다. 좋은 연구란 새로운 지식을 생산하는 데 그치지 않고, 그 지식이 동물과 인간의 삶을 실질적으로 개선하는 데 이바지해야 한다.

1-10
반려심리학의 확장과 미래 과제

"반려심리학, 다음 10년의 질문들."

반려심리학은 이제 훈련과 행동 교정의 영역을 넘어 사회정책, 기술, 노년학, 동물 보호소 관리, AI 윤리 등 다양한 분야와 연결되는 확장 국면에 들어섰다. 향후 10년간 반려심리학이 마주할 주요 과제는 다음과 같다.

- AI와 웨어러블 기기를 활용한 행동 예측 기술의 윤리적 범위
  설정
- 고령 반려인과 노령 반려동물의 동반 생활을 지원하는 시스템
  구축
- 유기 및 파양을 줄이기 위한 심리적 중재 프로그램 개발
- 보호소 동물의 정신적 외상 회복을 위한 구조적 프로그램 설계
- 인간이 AI 기반 반려 로봇 등 비생명체에게 보이는 애착의 심
  리적 의미 탐구

이처럼 반려심리학은 단순히 동물을 이해하는 수준을 넘어, 우리 사회의 관계 구조 자체를 재해석하는 학문으로 발전하고 있다. 이 책을 통해 독자는 결국 '나는 내 반려동물에게 어떤 인간이 되고 싶은가?'라는 근본적인 질문과 마주하게 될 것이다.

제2장

반려동물의 정서와 인지 메커니즘

　　본 장은 반려동물의 내면세계를 과학적 관점에서 심도 있게 탐구하기 위한 내용이며 반려동물의 정서와 인지 메커니즘을 체계적으로 분석한다. 본 연구는 동물의 정서를 단순한 의인화의 대상이 아닌, 뇌의 특정 신경 회로와 생화학적 작용에 기반한 구체적인 생물학적 현상으로 규정한다. 이를 위해 시상하부-편도체 시스템, 중뇌 변연계 보상 회로, 그리고 스트레스 반응을 조절하는 시상하부-뇌하수체-부신(HPA) 축 등 인간을 포함한 포유류가 공유하는 공통의 신경생물학적 기초를 제시한다. 특히 신경과학자 야크 판크세프(Panksepp, 1998)가 정립한 7가지 원초적 정서 시스템(SEEKING, RAGE, FEAR, LUST, CARE, PANIC/GRIEF, PLAY)을 핵심 이론 틀로 도입하여, 반려동물의 다양한 행동 이면에 숨겨진 근본적인 동기를 해석하는 과학적 기반을 마련한다.

　나아가 본 장은 정서와 인지가 분리된 과정이 아니라, 서로 깊이 상호작용하는 관계임을 조명한다. 긍정적 정서가 학습 효율을 극대화하는 반면, 공포와 만성 스트레스는 인지 기능을 현저히 저해하는 메커니즘을 설명하며, 이는 긍정 강화 훈련의 과학적 타당성을 뒷받침한다. 또한, 인간의 지시적 제스처 이해나 정서적 전염과 같은 반려동물의 고등 사회적 인지 능력(Hare & Tomasello, 2005)을 분석하고, 이러한 능력이 감정 공감(Bekoff, 2007)을 통해 인간–동물 간의 깊은 유대와 애착 관계를 형성하는 핵심 기제임을 논한다. 이와 함께 비언어적 신호를 통한 '감정의 언어' 해석의 중요성과 스트레스 반응 및 정서 조절 메커니즘(Sapolsky, 2004)을 다루며, 이를 이해하는 것이 동물 복지 증진에 필수적임을 강조한다.

마지막으로, 본 연구는 정서·인지 연구에 필연적으로 수반되는 윤리적 문제와 방법론적 한계를 성찰한다. 의인화의 오류, 관찰자 편향과 같은 해석상의 문제와 스트레스 유발 실험의 윤리적 딜레마를 고찰하며, 과학적 엄밀함과 연구 대상인 동물의 안녕을 동시에 고려하는 균형 잡힌 접근의 필요성을 제언한다. 이를 통해 본 장은 반려동물을 단순한 관찰 대상을 넘어, 복잡한 내면세계를 지닌 주체로 존중하고, 인간과 동물의 조화로운 공존을 위한 심층적 이해의 토대를 제공하고자 한다.

2-1
반려동물 정서 연구의 의의

반려동물의 정서를 과학적으로 탐구하는 것은 단순히 동물의 '기분'을 추측하는 행위를 넘어, 그들의 내면세계를 이해하고 인간–동물 관계의 본질을 파악하는 핵심적인 과정이다. 정서(Emotion)는 생존을 위해 수억 년에 걸쳐 진화한 고도로 정교한 생물학적 시스템이다. 이는 동물이 외부 환경의 자극을 평가하고, 그 의미를 해석하며, 생존에 유리한 행동을 선택하도록 이끄는 내적 나침반과 같다. 따라서 반려동물의 정서를 이해하는 것은 그들의 행동 이면에 숨겨진 근본적인 동기와 원인을 파악하는 것과 동일한 의미를 지닌다.

특히 개와 고양이 같은 반려동물은 수천, 수만 년에 걸쳐 인간과 함께 살아가는 '공진화(Co-evolution)' 과정을 거쳤다. 이 과정에서 그들은 인간의 사회적 신호, 즉 표정, 목소리 톤, 몸짓 등에 민감하게 반응하고, 인간과의 상호작용에 특화된 사회적 능력을 발달시켜 왔다. 이는 반려동물의 정서 체계가 단순히 생존뿐만 아니라, 인간과의 유대 및 소통을 위한 방향으로도 적응해 왔음을 시사한다. 그러므로 그들의 정서를 이해하는 것은 곧 인간과 반려동물 사이의 복잡하고 깊은 관계를 해석하는 기초가 된다.

반려동물 정서 연구의 의의는 학술적 탐구를 넘어 다양한 실용적 영역으로 확장된다. 첫째, 행동 교정 분야에서 정서의 이해는 필수적이다. 문제 행동의 대부분은 공포, 불안, 좌절과 같은 부정적 정서 상태에서 비롯된다. 짖음, 공격성, 분리불안 등의 행동을 표면적으로 억제하는 것이 아니라, 그 원인이 되는 정서적 문제를 해결함으로써 근본적인 변화를 끌어낼 수 있다. 둘째, 동물 복지 분야에서 정서는 동물의 삶의 질을 평가하는 핵심 지표다. '고통으로부터의 자유'를 넘어 '긍정적 정서를 경험할 권리'가 현대 동물 복지의 중요한 패러다임으로 자리 잡고 있다. 셋째, 수의학 분야에서 동물의 스트레스와 불안은 면역 체계를 약화시키고 질병 회복을 더디게 만든다. 병원 환경에서 동물의 정서적 안정을 도모하는 것은 치료 효과를 높이는 중요한 요소다. 마지막으로, 사회정책 분야에서 동물보호법, 사육 환경 기준, 유기동물 관리 방안 등은 모두 동물이 느끼는 정서적 고통을 최소화하고 긍정적 경험을 증진하는 방향으로 설계되어야 한다.

결론적으로, 반려동물의 정서 연구는 그들을 의인화하여 감상적으로 대하는 태도를 지양하고, 과학적 근거를 바탕으로 그들의 내면을 깊이 있게 이해하려는 시도이다. 이는 행동의 원인을 밝히고, 관계의 질을 높이며, 궁극적으로 인간과 동물이 더불어 행복하게 살아가는 사회를 만드는 데 핵심적인 기반을 제공한다.

2-2
포유류 정서의 생물학적 기초

반려동물의 정서는 추상적인 개념이 아니라, 뇌의 특정 영역과 신경전달물질, 그리고 호르몬 시스템이 정교하게 상호작용하며 생성되는 구체적인 생물학적 현상이다. 인간을 포함한 포유류는 진화적으로 보존된 공통의 신경생물학적 구조 위에서 정서를 경험한다. 이는 동물의 정서를 연구하는 것이 단순한 관찰이나 추측이 아닌, 과학적 근거를 갖춘 비교정서학(Comparative Affective Neuroscience)적 탐구임을 의미한다.

포유류 정서의 핵심적인 생물학적 기반은 다음과 같다.

1) 시상하부-편도체 시스템(Hypothalamus-Amygdala System)

이 시스템은 주로 공포, 분노, 불안과 같이 생존과 직결된 원초적 정서를 처리하는 데 핵심적인 역할을 한다. 특히 편도체(Amygdala)는 '뇌의 경보 시스템'으로, 위협적인 자극을 감지하고 즉각적인 공포 반응을 유발한다. 예를 들어, 개가 갑작스러운 큰 소리에 깜짝 놀라 짖거나 숨는 행동은 편도체가 활성화되어 나타나는 전형적인 반응이다. 시상하부(Hypothalamus)는 편도체로부터 신호를 받아 신체의 자율신경계와 내분비계를 조절하여 투쟁-도피 반응(Fight-or-Flight Response)을 준비시킨다.

2) 중뇌 변연계 보상 회로(Mesolimbic Reward Pathway)

이 시스템은 기대감, 즐거움, 동기 부여와 같은 긍정적 정서를 관장한다. 핵심적인 신경전달물질은 도파민(Dopamine)이다. 보호자가 간식을 주려 할 때 개가 꼬리를 치며 흥분하거나, 고양이가 새로운 장난감을 탐색하며 몰두하는 행동은 모두 이 보상 회로가 활성화된 결과다. 이 회로는 새로운 것을 배우고 긍정적인 행동을 반복하게 만드는 강화(Reinforcement)의 신경학적 기반이 되며, 야크 판크세프의 SEEKING 시스템과 깊이 연관된다.

3) 시상하부-뇌하수체-부신 축(HPA Axis)

자율신경계의 일부인 HPA 축은 스트레스 반응을 조절하는 핵심적인 호르몬 시스템이다. 스트레스 상황에서 시상하부는 뇌하수체를 자극하고, 뇌하수체는 부신을 자극하여 스트레스 호르몬인 코르티솔(Cortisol)을 분비하게 한다. 단기적인 스트레스 반응은 위협에 대처하는 데 필수적이지만, 만성적인 스트레스로 인해 HPA 축이 지속적으로 활성화되면 면역 기능 저하, 학습 능력 감소, 불안 증가 등 신체적, 정신적 문제를 초래할 수 있다.

이러한 뇌 구조와 신경 화학적 메커니즘은 개, 고양이, 그리고 인간에게서 놀라울 정도로 유사하게 발견된다. 이는 동물의 정서를 '인간의 감정을 투사하여' 해석하는 무분별한 의인화(Anthropomorphism)와는 근본적으로 다르다. 오히려, 공통된 신경생리학적 보편성에 근거하여 동물의 감정 상태를 과학적으로 추론하는 '비판적 의인화(Critical Anthropomorphism)' 또는는 '생물학적 기반의 공감'이 가능함을 시사한다. 따라서 동물의 정서를 이해하는 것은 그들의 뇌 속에서 일어나는 보편적인 생물학적 과정을 탐구하는 것이며, 이는 인간 중심적 사고에서 벗어나 동물을 있는 그대로 존중하는 첫걸음이 된다.

2-3
Panksepp의 7가지 정서 시스템

신경과학자 야크 판크세프(Jaak Panksepp)는 정서를 심리적 현상으로만 보지 않고, 뇌 깊숙한 곳에 내재한 구체적인 신경 회로 시스템으로 접근했다. 그는 포유류의 뇌를 직접 자극하는 연구를 통해, 종에 상관없이 공통으로 나타나는 7가지 원초적 정서 시스템(Primary-Process Emotional Systems)을 제시했다. 이 이론의 핵심은 동물의 정서가 인간의 정서와 동일한 뇌 구조에서 기원하며, 이는 단순한 비유가 아닌 생물학적 상동성(Homology)에 기반한다는 점이다.

판크세프가 제시한 7가지 기본 정서 시스템은 다음과 같다.

- SEEKING(탐색/기대): 가장 근본적인 정서 시스템으로, 세상에 대한 호기심, 무언가를 기대하고 탐색하려는 강력한 충동을 의미한다. 도파민 시스템과 깊이 연관되어 있으며, 생존에 필요한 자원(음식, 물, 짝)을 찾도록 동기를 부여한다. 산책 나온 개가 냄새를 맡으며 주변을 왕성하게 탐색하거나, 고양이가 상자 안을 샅샅이 뒤지는 행동이 대표적이다. 이 시스템의 충족은 동물에게 활력과 삶의 만족감을 준다.

- RAGE(분노): 자원이나 신체적 자유가 속박되거나 좌절을 경험할 때 활성화되는 시스템이다. 이는 공격성과 밀접하게 관련되며, 자신을 방어하고 장애물을 제거하려는 목적을 가진다. 음식을 빼앗으려 할 때 개가 으르렁거리거나, 억지로 안으려 할 때 고양이가 할퀴는 행동은 RAGE 시스템의 발현이다.

- FEAR(공포): 생명에 대한 위협을 감지했을 때 활성화된다. 고통, 포식자의 위협 등으로부터 벗어나기 위해 동결(freezing), 도피(flight), 투쟁(fight) 반응을 유발한다. 천둥소리에 침대 밑으로 숨는 개나, 낯선 사람을 보고 하악질 하며 몸을 숨기는 고양이의 행동은 FEAR 시스템에 의해 촉발된다.

- LUST(욕망/성욕): 번식과 관련된 모든 동기와 행동을 포함한다. 이는 종족 보존을 위한 강력한 본능으로, 호르몬의 영향을 크게 받는다. 중성화된 반려동물에게서는 직접적인 형태로 나타나지 않을 수 있으나, 마운팅이나 영역 표시 행동 등에서

그 흔적을 찾아볼 수 있다.

- CARE(돌봄): 어미가 새끼를 보살피고 보호하려는 모성애적 행동을 유발하는 시스템이다. 옥시토신과 같은 신경전달물질이 중요한 역할을 한다. 새끼에게 젖을 물리거나 핥아주는 행동이 대표적이며, 이는 사회적 유대를 형성하는 기반이 된다. 일부 반려동물은 보호자나 다른 동물에게도 돌봄 행동을 보이기도 한다.
- PANIC/GRIEF(분리불안/슬픔): 사회적 유대가 끊어졌을 때 느끼는 고통과 슬픔을 관장한다. 어미와 떨어진 새끼가 내는 고통스러운 울음소리가 이 시스템의 대표적인 예다. 보호자가 집을 나섰을 때 개가 불안해하며 하울링 하는 분리불안 증상은 PANIC 시스템의 과도한 활성화로 설명할 수 있다. 이는 사회적 동물에게 유대관계가 생존에 얼마나 중요한지를 보여준다.
- PLAY(놀이): 즐거움을 위해 상호작용하고 신체적 활동을 하는 시스템이다. 놀이는 사회적 기술을 배우고, 신체 능력을 단련하며, 스트레스를 해소하는 중요한 기능을 한다. 개들이 서로 플레이 바우(play bow)를 하며 장난치거나, 고양이들이 레슬링을 하는 모습은 PLAY 시스템이 작동하는 명백한 증거다.

판크세프의 이론은 반려동물의 행동을 해석하는 데 강력한 틀을 제공한다. 개의 '분리불안'이나 고양이의 '호기심'이 인간의 그것과 동일한 뇌 회로에서 비롯된다는 사실은, 우리가 그들의 행동을 이해할 때 감정적 기반을 결코 배제해서는 안 된다는 점을 명확히 보여준다. 이는 반려동물의 복지를 증진하기 위해 어떤 정서적 욕구를 충족시켜 주어야 하는지에 대한 구체적인 지침을 제시한다.

2-4
정서와 학습의 상호작용

정서와 학습은 뇌에서 일어나는 별개의 독립적인 과정이 아니라, 서로의 기능에 깊숙이 영향을 미치는 상호보완적인 관계에 있다. 특히 정서는 학습의 효율성과 방향성을 결정하는 강력한 조절 변수(Modulator)로 작용한다. 긍정적 정서는 학습의 문을 여는 열쇠가 되고, 부정적 정서는 그 문을 굳게 닫는 빗장이 된다. 이 원리를 이해하는 것은 반려동물 훈련과 교육의 성패를 좌우하는 핵심 요소다.

부정적 정서가 학습을 억제하는 메커니즘은 생존적 관점에서 이해할 수 있다. 동물이 공포나 극심한 스트레스를 느끼면, 뇌의 편도체와 HPA 축이 활성화되어 투쟁-도피 반응을 준비한다. 이 상태에서 뇌의 자원은 생존에 직결된 감각 정보 처리와 즉각적인 반응에 집중된다. 반면, 새로운 정보를 처리하고 저장하는 고등 인지 기능, 특히 전두엽 피질의 기능은 현저히 저하된다. 즉, 뇌는 '생각'할 여유 없이 '반응'하는 데 모든 에너지를 쏟는다. 예를 들어, 천둥소리에 겁에 질린 개에게 '앉아'나 '기다려' 같은 새로운 명령어를 가르치려는 시도는 거의 효과가 없다. 개의 뇌는 이미 생존 모드로 전환되어 학습 정보를 받아들일 수 없는 상태이기 때문이다.

이러한 이유로 '처벌 중심'의 훈련 방식은 명백한 한계를 가진다. 처벌은 동물에게 공포, 불안, 좌절감을 유발하여 학습 능력을 저하할

뿐만 아니라, 보호자에 대한 불신과 공격성을 일으킬 수 있다. 처벌은 특정 행동을 일시적으로 억제할 수는 있지만, 동물이 무엇을 해야 하는지에 대한 대안을 가르쳐주지 못하며, 문제의 근본 원인인 부정적 정서를 오히려 악화시킨다.

반대로, 안정되고 긍정적인 정서가 형성된 환경에서는 학습 능력이 극적으로 향상된다. 동물이 안전하고 편안하다고 느낄 때, 판크세프의 SEEKING 시스템이 활성화되어 호기심과 탐색 동기가 높아진다. 이 상태에서 동물은 새로운 자극과 과제에 능동적으로 참여하려 한다. '안정, 예측 가능성, 긍정 강화 중심'의 훈련 방식이 효과적인 이유가 바로 여기에 있다. 보호자가 일관된 규칙을 제공하고(예측 가능성), 편안한 환경을 조성하며(안정), 바람직한 행동에 대해 간식이나 칭찬으로 보상(긍정 강화)하면, 동물은 학습 과정을 즐거운 경험으로 인식하게 된다. 이 긍정적 경험은 도파민 분비를 촉진하여 해당 행동을 다시 하려는 동기를 강화하고, 학습된 내용이 장기 기억으로 전환되는 것을 돕는다.

결론적으로, 학습은 단순히 행동을 기계적으로 반복하는 과정이 아니다. 그것은 정서라는 토대 위에서 작동하는 고도로 복잡한 심리적 메커니즘이다. 정서적으로 안정된 동물은 세상을 탐색하고, 새로운 것을 배우며, 문제 해결 능력을 발휘할 준비가 되어 있다. 따라서 성공적인 반려동물 교육의 첫걸음은 동물의 정서 상태를 먼저 살피고, 긍정적인 학습 환경을 조성해 주는 것이다.

2-5
반려동물의 사회적 인지

사회적 인지(Social Cognition)란 한 개체가 다른 개체의 마음 상태, 즉 의도, 정서, 신념, 행동 등을 해석하고 예측하며, 이를 바탕으로 자신의 행동을 조절하는 상위 수준의 인지 기능을 의미한다. 인간 사회의 복잡한 상호작용은 이 사회적 인지 능력에 기반한다. 흥미롭게도, 반려동물, 특히 반려견은 다른 동물들과 구별되는 인간에 특화된 놀라운 사회적 인지 능력을 보여준다.

반려견의 사회적 인지 능력은 단순한 학습의 결과물을 넘어, 인간과의 오랜 공진화 과정에서 이루어진 진화적 적응의 산물로 해석된다. 수만 년에 걸친 가축화 과정에서, 인간의 사회적 신호를 더 잘 이해하고 그에 적절히 반응하는 개체들이 생존과 번식에 유리했다. 이러한 선택은 개가 인간의 복잡한 사회적 환경 속에서 공존하기 위한 독특한 인지 도구를 발달시키도록 이끌었다. 반려견이 보여주는 대표적인 사회적 인지 능력은 다음과 같다.

- 인간의 지시적 제스처 이해: 개는 인간이 손가락으로 특정 위치를 가리키면 그 방향을 쳐다보고 목표물을 찾는 능력이 탁월하다. 이는 인간의 가장 가까운 친척인 침팬지도 쉽게 해내지 못하는 과제다. 이는 개가 인간의 '가리키는 행위'가 '주의를 그쪽으로 돌리라.'라는 의도를 담고 있음을 이해한다는 것을 시사한다.
- 시선 따라가기(Gaze Following): 개는 인간이 쳐다보는 방향으로 함께 시선을 돌리는 경향이 있다. 이는 타인의 시선에 중요

tion)를 형성하는 능력의 기초가 된다.

- 음성 톤과 감정 해석: 개는 단어의 의미뿐만 아니라, 인간의 목소리 톤에 담긴 감정 정보를 민감하게 파악한다. 칭찬하는 톤과 꾸짖는 톤에 뇌의 다른 영역이 활성화되며, 이는 인간의 언어 처리 방식과 유사한 측면을 보인다.
- 정서적 전염(Emotional Contagion): 보호자가 하품하면 개도 따라 하품하거나, 보호자가 슬퍼하며 울 때 다가와 핥거나 기대는 행동을 보인다. 이는 타인의 감정 상태에 자신의 감정이 동조되는 초기 형태의 공감 능력으로 볼 수 있다.

반면, 고양이의 사회적 인지는 개와는 다른 방식으로 발달했다. 고양이의 가축화는 개보다 역사가 짧고, 독립적인 생활 방식의 특성이 많이 남아있다. 그럼에도 불구하고 고양이 역시 보호자의 목소리를 인식하고, 기분 변화에 반응하며, 복잡한 일과를 학습하는 등 상당한 사회적 인지 능력을 보여준다. 특히 고양이의 '느린 눈 깜빡임(slow blink)'은 신뢰와 편안함을 나타내는 사회적 신호로, 인간과의 긍정적 상호작용에 사용된다.

이처럼 반려동물의 사회적 인지 능력은 그들이 단순히 조건화된 반응을 보이는 기계가 아님을 증명한다. 그들은 사회적 파트너로서 타인의 내적 상태를 추론하고, 그에 맞춰 자기 행동을 유연하게 조절하는 능동적인 존재다. 이러한 능력에 대한 이해는 우리가 반려동물을 대하는 방식을 근본적으로 바꾸고, 더 깊고 의미 있는 관계를 형성하는 데 중요한 열쇠를 제공한다.

2-6
감정 표현 언어의 심리학

반려동물은 인간과 같은 복잡한 구문 구조를 가진 언어를 사용하지 않지만, 절대 소통하지 않는 존재가 아니다. 그들은 몸짓, 자세, 표정, 소리 등 다채로운 비언어적 신호(Non-verbal Cues)를 통해 자신의 감정 상태와 의도를 끊임없이 표현한다. 이러한 신호 체계는 단순한 행동의 나열이 아니라, 나름의 규칙과 맥락을 가진 정교한 '감정의 언어(Language of Emotion)'라고 할 수 있다. 이 언어를 이해하는 것은 반려동물의 내면세계를 엿보고 오해를 줄이는 첫걸음이다.

문제는 많은 보호자가 이 감정 언어를 '인간 중심의 해석'으로 받아들여 심각한 오해를 낳는다는 점이다. 예를 들어, 개가 꼬리를 흔드는 것을 무조건 '기쁨'의 표현으로 해석하거나, 고양이가 배를 보이는 것을 '만져달라'는 신호로 오해하는 경우가 대표적이다. 개의 꼬리 흔들기는 흥분 상태를 나타내는 신호로, 그 높이, 속도, 방향에 따라 자신감, 불안, 경계 등 전혀 다른 감정을 의미할 수 있다. 고양이가 배를 보이는 것은 극도의 신뢰를 표현하는 것이지만, 동시에 가장 취약한 부위를 드러내는 것이므로 만지는 행위는 방어적 공격을 유발할 수 있다.

따라서 반려동물의 감정 언어를 정확하게 해석하기 위해서는 다음의 세 가지 원칙을 반드시 고려해야 한다.

1) 상황적 맥락(Context)

모든 신호는 그것이 나타나는 상황 안에서 해석되어야 한다. 낯선 개 앞에서 꼬리를 세우고 천천히 흔드는 것과, 보호자가 귀가했을 때 엉덩이까지 흔들며 빠르게 흔드는 것은 전혀 다른 의미가 있다.

2) 신체 전체의 조화(Holistic View)

특정 신호 하나에만 집중해서는 안 된다. 꼬리, 귀, 눈, 입, 몸의 무게중심 등 여러 신호가 종합적으로 어떻게 나타나는지를 함께 읽어야 한다. 귀를 뒤로 젖히고, 입술을 핥으며, 하품하는 개는 즐거운 것이 아니라 불안하고 불편하다는 신호를 보내는 것이다.

3) 반복 패턴과 개체별 특성(Pattern & Individuality)

모든 개와 고양이가 교과서처럼 똑같이 표현하지는 않는다. 특정 상황에서 반복적으로 나타나는 행동 패턴을 관찰함으로써 그 동물만의 고유한 표현 방식을 이해할 수 있다.

아래는 개와 고양이의 대표적인 감정 표현 신호들이다.

신호 부위	개(Dog)	고양이(Cat)
꼬리	높이, 흔드는 속도와 폭으로 흥분, 자신감, 불안, 경계 표현. (예: 낮은 위치에서 빠른 속도로 짧게 흔들면 불안)	수직으로 세우면 인사/기쁨, 끝만 살짝 흔들면 집중/흥미, 전체를 바닥에 내리치면 짜증/불쾌.
귀	앞으로 쫑긋 세우면 집중/호기심, 뒤로 편안하게 젖히면 안정, 머리에 바짝 붙이면 공포/복종.	앞으로 향하면 관심, 옆으로 눕히면(비행기 귀) 불안/공격 준비, 뒤로 바짝 붙이면 공포/방어.
눈	부드러운 눈 맞춤은 유대감, 시선 회피는 불편함/복종, 흰자위를 많이 보이면(고래 눈) 극심한 스트레스.	느린 눈 깜빡임은 신뢰/애정, 동공 확장은 흥분/공포, 가늘게 뜨면 만족/경계.
입/소리	입술 핥기, 하품은 스트레스 신호. 으르렁거림은 경고. 낑낑거림은 요구/불안.	가르랑(Purring)은 만족 또는 고통 완화. 하악질(Hissing)은 강력한 경고. 야옹(Meow)은 주로 인간에게 하는 요구.

이러한 감정 언어를 배우고 존중하는 것은 반려동물과의 소통에서 발생하는 오해를 줄이고, 그들의 정서적 안정을 지켜주는 보호자의 중요한 책임이다. 이는 관계의 질을 높이고, 문제 행동을 예방하는 가장 효과적인 방법 중 하나다.

반려동물의 인지적 처리 과정

인지(Cognition)란 감각 기관을 통해 외부 세계의 정보를 받아들이고(지각), 그것을 분류하고 해석하며(처리), 의미를 부여하고(평가), 기억에 저장했다가, 필요할 때 다시 꺼내어 행동으로 전환하는(반응) 일련의 복잡한 정신 과정을 총칭한다. 반려동물 역시 생존과 적응을 위해 이러한 인지적 처리 과정을 끊임없이 수행한다. 그들의 인지 과정은 인간과 세부적인 측면에서 차이가 있지만, 기본적인 단계와 구조는 놀라울 만큼 유사하다.

반려동물의 인지 과정은 일반적으로 다음과 같은 단계를 따른다.

1) 정보 입력(Sensation & Perception)

동물은 종마다 특화된 감각 체계를 통해 세상을 인식한다. 개는 인간보다 수만 배에서 수억 배 뛰어난 후각으로 세상을 '읽고', 고양이는 미세한 소리와 움직임을 포착하는 데 특화된 청각과 시각을 가졌다. 이처럼 입력되는 정보의 종류와 질은 인간과 다르지만, 이는 그들의 생태적 지위에 최적화된 결과다.

2) 정보 처리 및 분류(Processing & Categorization)

입력된 감각 정보는 뇌에서 즉각적으로 처리되고 분류된다. 예를 들어, 개는 수많은 냄새 분자 중에서 보호자의 냄새, 다른 개의 냄새, 음식 냄새 등을 구별해낸다. 이 과정에서 과거의 경험과 기억이 중요한 역할을 한다.

3) 의미 부여 및 평가(Meaning-making & Evaluation)

분류된 정보는 동물의 현재 상태와 과거 경험에 비추어 '의미'를 부여받는다. 초인종 소리는 과거에 즐거운 경험(손님 방문)과 연결되었다면 긍정적 의미로, 불쾌한 경험(낯선 사람의 침입)과 연결되었다면 위협적 의미로 평가된다. 이 단계에서 정서가 깊이 개입하여 정보의 가치를 결정한다.

4) 행동 계획 및 실행(Action Planning & Execution)

평가된 정보를 바탕으로 동물은 가장 적절하다고 판단되는 행동을 선택하고 실행한다. 초인종 소리를 긍정적으로 평가한 개는 꼬리를 치며 현관으로 달려갈 것이고, 부정적으로 평가한 개는 짖거나 숨을 것이다. 이 행동의 결과는 다시 피드백으로 작용하여 다음 인지 과정에 영향을 미친다.

반려동물의 인지 연구에서 특히 중요한 분야는 사회적 맥락에서의 판단 능력이다. 예를 들어, 개는 두 사람이 상호작용하는 모습을 보고 누가 더 협조적이고 친절한지를 판단하여 그 사람에게 더 호의적인 반응을 보이는 능력이 있다. 이는 단순히 자극-반응의 관계를 넘어, 사회적 상황의 복잡한 의미를 해석하고 제3자 간의 관계를 평가하는 상위 수준의 인지 기능을 시사한다.

또한, 반려동물은 인과관계 추론 능력을 갖추고 있다. 보이지 않는 곳에서 나는 소리를 듣고 원인을 찾으려 하거나, 특정 행동(예: 문을 긁는 행동)이 특정 결과(예: 문이 열리는 결과)를 가져온다는 것을 학습하는 것이 그 예다. 이러한 능력은 문제 해결과 환경 적응에 필수적이다.

결론적으로, 반려동물은 수동적으로 자극에 반응하는 존재가 아니라, 능동적으로 정보를 탐색하고, 의미를 구성하며, 목적을 가지고 행동하는 인지적 주체이다. 그들의 감각 세계는 인간과 다를지라도, 정보를 해석하고 세상의 모델을 만들어가는 기본적인 인지 구조는 우리와 많은 부분을 공유한다. 이러한 인지적 능력을 존중하고 이해하는 것은 그들의 잠재력을 최대한 발휘할 수 있는 풍부한 환경을 제공하는 데 필수적이다.

2-8
감정 공감과 인간-동물 관계

인간과 반려동물 사이의 깊은 유대는 단순한 애정을 넘어, 서로의 감정을 느끼고 공유하는 '공감(Empathy)' 능력에 깊이 뿌리내리고 있다. 반려동물은 보호자의 감정 상태에 단순히 조건반사적으로 반응하는 것을 넘어, 그 감정을 자신의 것처럼 느끼고 내면화하는 놀라운 능력을 보여준다. 이는 인간-동물 관계의 질을 결정하고, 반려동물이 인간에게 강력한 심리적 지지를 제공하는 근본적인 메커니즘이다.

공감은 여러 수준으로 나눌 수 있는데, 반려동물에게서 주로 관찰되는 것은 '정서적 공감(Emotional Empathy)'이다. 이는 타인의 감정을 인지적으로 완벽히 이해하는 것과는 별개로, 그 감정 상태가 자신에게 그대로 전이되어 비슷한 감정을 느끼게 되는 현상을 말한다.

정서적 공감의 핵심 메커니즘은 다음과 같다.

- 정서적 전염(Emotional Contagion): 공감의 가장 기본적인 형

태로, 한 개체의 감정이 주변의 다른 개체에 무의식적으로 퍼져나가는 현상이다. 보호자가 불안해하면 반려견도 덩달아 안절부절못하거나, 보호자가 즐겁게 웃으면 반려견도 꼬리를 치며 흥분하는 것이 대표적인 예다. 이는 주로 거울 뉴런 시스템(Mirror Neuron System)과 관련이 있는 것으로 추정되며, 타인의 행동과 감정을 모방하고 내면화하는 신경생물학적 기반을 제공한다.

- 공감적 관심(Empathic Concern): 타인의 고통이나 슬픔에 대해 위로하고 돕고자 하는 동기를 느끼는 것이다. 보호자가 울고 있을 때, 반려견이 다가와 얼굴을 핥거나 몸을 기대는 행동은 단순한 정서적 전염을 넘어, 상대방의 부정적 감정을 완화해 주려는 의도를 가진 공감적 행동으로 해석될 수 있다. 연구에 따르면, 개는 낯선 사람보다 자신의 보호자가 슬퍼할 때 더 강한 위로 행동을 보인다.

이러한 감정 공감 능력은 인간과 반려동물 사이의 애착(Attachment) 관계가 강할수록 더욱 강화된다. 안정적이고 긍정적인 애착 관계를 형성한 반려동물은 보호자의 미묘한 감정 변화에 더욱 민감하게 반응하며, 더 적극적으로 공감적 행동을 보인다. 이는 공감이 일방적인 과정이 아니라, 상호작용과 신뢰의 역사를 통해 함께 발전해 나가는 관계적 특성임을 보여준다.

반려동물의 공감 능력은 인간에게 강력한 사회적 지지(Social Support)의 원천이 된다. 반려동물은 인간관계에서 경험할 수 있는 복잡한 조건이나 판단 없이, 있는 그대로의 감정을 수용하고 위로를 제공한다. 이러한 무조건적인 지지는 스트레스 감소, 우울감 완화,

혈압 안정 등 다양한 심리적, 신체적 건강 효과를 가져오는 것으로 수많은 연구를 통해 입증되었다. 특히 1인 가구, 노인, 심리적 어려움을 겪는 사람들에게 반려동물은 외로움을 줄이고 삶의 의미를 부여하는 중요한 존재가 된다.

결론적으로, 감정 공감은 인간과 반려동물을 단순한 주인과 애완동물의 관계를 넘어, 서로의 감정을 공유하는 깊은 정서적 파트너로 만드는 핵심 요소다. 반려동물이 우리의 감정에 '공명'한다는 사실을 이해하는 것은, 그들을 더욱 존중하고 소중히 여기게 만들며, 인간과 동물이 맺을 수 있는 가장 아름다운 관계의 본질을 깨닫게 한다.

2-9
스트레스와 정서 조절 메커니즘

스트레스 반응은 위협적인 환경에 대처하고 생존 가능성을 높이기 위해 진화한 필수적인 생리 기능이다. 그러나 이러한 반응이 과도하거나 만성적으로 지속될 경우, 이는 동물의 정서 체계와 인지 체계 모두에 심각한 손상을 입히는 '독'으로 작용할 수 있다. 반려동물의 건강과 행복을 위해서는 스트레스의 원인을 파악하고, 그들이 스스로 정서를 조절할 수 있도록 돕는 메커니즘을 이해하는 것이 매우 중요하다.

스트레스 반응의 중심에는 시상하부-뇌하수체-부신 축(HPA Axis)이 있다. 동물이 스트레스를 인지하면, 뇌의 시상하부에서 신호를 보내 뇌하수체와 부신을 차례로 자극한다. 최종적으로 부신에서는 '스트레스 호르몬'인 코르티솔(Cortisol)이 분비된다. 코르티솔은 신체의 에너지원을 빠르게 동원하여 위협에 맞서 싸우거나(투쟁, Fight) 도망갈(도피, Flight) 준비를 시킨다. 이 단계에서 심박수와 호흡이 빨라지고 근육이 긴장하며, 소화나 면역 같은 비필수적인 기능은 억제된다. 동시에, 이성적 판단을 담당하는 전두엽 피질의 기능이 급격히 저하되어 인지 능력이 현저히 떨어진다. 만성적인 스트레스는 지속적인 코르티솔 분비를 유발하여 면역력 저하, 소화기 질환, 피부병, 불안장애, 학습된 무기력 등 다양한 문제를 초래한다.

반려동물이 이러한 스트레스 상황에서 벗어나 다시 안정 상태로 돌아가는 능력을 정서 조절(Emotion Regulation)이라고 한다. 정서 조절 능력은 여러 요소에 의해 결정되며, 이는 선천적으로 타고나는 것뿐만 아니라 관계와 경험의 누적을 통해 형성되고 발달한다.

반려동물의 정서 조절에 영향을 미치는 핵심 요소

- 예측 가능성과 통제감(Predictability & Controllability): 환경을 예측할 수 있을 때 동물은 안정감을 느낀다. 일정한 시간에 산책하고 밥을 먹는 것처럼 규칙적인 일과는 동물에게 세상이 안전하고 질서 있는 곳이라는 믿음을 준다. 또한, 자기 행동으로 환경에 긍정적인 변화를 일으킬 수 있다는 통제감을 경험하는 것(예: '앉아'를 하면 간식을 얻는 것)은 스트레스 대처 능력을 향상시킨다.

- 안전 기지로서의 보호자(Secure Base): 안정적인 애착 관계를 형성한 보호자는 동물에게 '안전 기지' 역할을 한다. 낯선 환경

이나 두려운 상황에 처했을 때, 보호자에게 의지함으로써 스트레스를 완화하고 다시 안정을 찾을 수 있다. 보호자의 차분한 태도와 부드러운 접촉은 동물의 부교감신경계를 활성화하여 심박수를 낮추고 이완을 돕는다.

- 긍정적 경험과 회복탄력성(Positive Experiences & Resilience): 어린 시절 다양한 긍정적 자극에 노출되고(사회화), 작은 스트레스를 성공적으로 극복하는 경험을 반복한 동물은 '회복탄력성(Resilience)'이 높아진다. 이는 역경에 직면했을 때 좌절하지 않고 다시 평정심을 되찾는 심리적 힘이다. 충분한 놀이, 산책, 노즈 워크 등은 긍정적 정서를 함양하고 스트레스 해소에 직접적인 도움을 준다.

결론적으로, 반려동물의 정서 조절 능력은 저절로 생기는 것이 아니다. 이는 보호자가 제공하는 안정적인 환경, 신뢰에 기반한 관계, 그리고 긍정적인 경험의 축적을 통해 길러지는 학습된 능력에 가깝다. 따라서 보호자는 스트레스의 원인을 최소화하는 동시에, 반려동물이 스스로 감정을 다스리고 평온을 되찾을 수 있는 내면의 힘을 키울 수 있도록 지원하는 중요한 역할을 해야 한다.

2-10

정서·인지 연구의 윤리와 한계

반려동물의 정서와 인지를 탐구하는 과학적 노력은 그들의 내면세계를 이해하고 복지를 증진하는 데 크게 기여했지만, 이 과정에는 반드시 성찰해야 할 중요한 윤리적 문제와 명확한 방법론적 한계가 존재한다. 과학적 데이터의 객관성을 추구하는 동시에, 연구 대상인 동물의 안녕을 최우선으로 고려하는 균형 잡힌 접근이 필수적이다.

연구 과정의 윤리적 문제

동물의 정서와 인지를 연구하기 위해서는 특정 자극을 가하거나 행동을 유도하는 실험이 필요할 수 있다. 이 과정에서 발생할 수 있는 윤리적 딜레마는 다음과 같다.

- 스트레스 유발 실험의 정당성: 공포, 불안, 좌절과 같은 부정적 정서를 연구하기 위해 의도적으로 동물에게 스트레스 상황을 조성하는 것은 심각한 윤리적 문제를 초래한다. 연구를 통해 얻을 수 있는 학문적, 사회적 이익이 동물이 겪는 고통을 정당화할 수 있는지에 대한 깊은 성찰이 필요하다. 따라서 연구 설계 시에는 3R 원칙(대체 Replacement, 감소 Reduction, 개선 Refinement)을 철저히 준수하여 동물의 고통을 최소화해야 한다.

- 침습적 연구의 문제: 뇌 활동을 직접 측정하기 위한 뇌파검사(EEG)나 기능적 자기공명영상(fMRI) 촬영, 신경전달물질 분석 등은 동물을 마취하거나 구속해야 하는 경우가 많다. 이러한

침습적 방법은 동물에게 큰 스트레스를 줄 수 있으므로, 필요한 경우에만 최소한으로 사용되어야 하며, 동물의 자발적 참여를 유도하는 긍정 강화 훈련 기법을 우선하여 고려해야 한다.

- 연구 동물의 복지: 실험실 환경에서 사육되는 동물들은 평생 제한된 공간에서 살아간다. 이들의 신체적 건강뿐만 아니라, 종 특이적 행동 욕구와 긍정적 정서를 충족시킬 수 있는 풍부한 환경(enrichment)을 제공하는 것은 연구자의 기본적인 윤리적 의무다.

해석 과정의 방법론적 한계

동물의 내면세계를 연구하는 것은 본질적으로 간접적인 추론에 의존할 수밖에 없으므로, 다음과 같은 해석상의 한계를 명확히 인지해야 한다.

- 의인화의 오류(Anthropomorphism): 동물의 행동을 인간의 감정과 경험에 빗대어 성급하게 해석하는 것은 가장 흔한 오류다. 예를 들어, 개가 잘못을 저지른 후 보이는 행동을 '죄책감'으로 해석하는 것은 과학적 근거가 부족하다. 이는 보호자의 화난 반응에 대한 복종적, 유화적 신호일 가능성이 더 높다. 연구자는 인간 중심적 편견을 경계하고 행동 데이터를 객관적으로 분석해야 한다.
- 관찰자 편향(Observer Bias): 연구자의 기대나 가설이 관찰과 데이터 해석에 무의식적으로 영향을 미치는 것을 의미한다. 이를 최소화하기 위해, 행동을 코딩하고 분석할 때 연구 가설을 모르는 제3자가 평가하는 '맹검법(Blinding)'과 같은 절차를

도입해야 한다.

- 생태학적 타당성의 한계(Ecological Validity): 통제된 실험실 환경에서 얻은 결과가 실제 동물이 살아가는 복잡한 현실 세계에서도 동일하게 적용될 수 있는지는 별개의 문제다. 실험실 연구는 변인 통제가 쉽다는 장점이 있지만, 인위적인 환경으로 인해 동물의 자연스러운 행동이 왜곡될 수 있다. 따라서 실험실 연구와 자연스러운 환경에서의 관찰 연구를 병행하여 상호 보완하는 것이 중요하다.

결론적으로, 반려동물의 정서와 인지 연구는 무한한 가능성과 동시에 무거운 책임을 안고 있다. 과학적 엄밀함과 윤리적 감수성을 함께 갖추고, 우리가 아는 것과 모르는 것의 경계를 명확히 인식하는 신중하고 겸손한 태도만이 인간과 동물 모두에게 이로운 지식을 쌓아가는 유일한 길이다.

제3장

반려동물의 행동과 학습 심리

　　본 장은 반려동물의 행동을 심리학적 관점에서 심층적으로 탐구한다. 반려동물의 모든 행동은 무의미한 행위가 아니라, 생존과 안녕을 도모하기 위한 적응적 반응(Adaptive Response)이며 그들의 내면 상태를 드러내는 중요한 '메시지'라는 기본 전제에서 출발한다. 행동의 근원은 유전적으로 각인된 본능(Instinct)과 경험을 통해 축적되는 학습(Learning)이라는 두 축의 상호작용으로 구성되며, 여기에 행동의 발현을 결정하는 환경(Environment)이 결합하여 최종적인 행동 패턴을 형성한다.

　행동의 학습 원리를 설명하기 위해, 본 장에서는 핵심적인 심리학 이론들을 고찰한다. 첫째, 파블로프의 고전적 조건형성(Classical Conditioning)은 특정 자극과 생리적·정서적 반응이 연합되는 과정을 설명하며, 이는 반려동물이 특정 대상이나 상황에 대해 느끼는 불안, 공포, 흥분과 같은 감정 학습의 기제를 밝힌다. 둘째, 스키너의 조작적 조건형성(Operant Conditioning)은 행동이 그 결과(강화, 벌, 소거)에 따라 빈도가 조절되는 원리를 제시하며, 현대 반려동물 훈련의 이론적 기반을 이룬다. 특히, 벌의 잠재적 부작용과 정적 강화의 중요성을 심리학적 메커니즘을 통해 분석한다. 나아가, 다른 개체의 행동을 관찰하여 학습하는 관찰학습(Observational Learning)의 역할 또한 조명한다.

이러한 이론적 토대 위에서, 본 장은 하나의 행동이 '자극 인지-의미 해석-정서 반응-행동 선택-결과 경험-기억 저장'으로 이어지는 '자극과 반응의 연쇄' 과정임을 설명하고, 문제 행동 교정은 이 연쇄 고리의 특정 단계에 개입하는 심리학적 접근임을 강조한다. 성공적인 행동 교정은 문제 행동의 기능을 분석하고, 환경을 관리하며, 바람직한 대체 행동을 가르치는 체계적인 과정을 요구한다.

마지막으로, 본 장은 행동의 내적 상태를 직접 관찰하기 어려운 전통적 행동 연구의 한계를 인정하는 동시에, AI 기반 행동 데이터 분석 및 웨어러블 센서 기술의 발전이 가져올 미래를 조망한다. 이러한 기술은 동물의 정서와 생리 상태를 객관적으로 측정하여 행동 연구의 패러다임을 전환시키고, 동물복지에 기반한 종합적 응용 과학으로서 반려동물 행동심리학의 새로운 지평을 열 것임을 시사한다.

3-1
반려동물 행동 연구의 심리학적 기초

반려동물의 행동을 과학적으로 탐구하는 것은 단순히 관찰 가능한 행위를 목록화하는 작업을 넘어선다. 진정한 행동 연구는 "반려동물이 왜 특정 상황에서 그러한 행동을 선택했는가?"라는 근원적 질문에 답을 찾는 심리학적 해석 과정이다. 모든 행동에는 명확한 이유가 존재하며, 그 이유는 동물의 내면에 깊이 각인된 본능, 순간적으로 발현되는 정서, 과거 경험의 축적인 학습, 그리고 행동을 촉발하는 외부 환경이라는 네 가지 핵심 요소가 복잡한 그물망처럼 얽혀 구성된다. 따라서 반려동물 행동에 대한 심리학적 접근은 다음과 같은 기본 원칙들을 전제로 한다.

첫째, 모든 행동은 주어진 상황에 대한 적응적 반응(Adaptive Response)이다. 반려동물은 의미 없이 행동하지 않는다. 그들의 모든 행위는 생존 확률을 높이고, 안녕을 도모하며, 불편을 해소하려는 목적을 지닌다. 예를 들어, 낯선 소리에 짖는 행동은 잠재적 위협으로부터 자신과 사회적 그룹(가족)을 보호하려는 적응적 전략의 일환으로 해석될 수 있다.

둘째, 현재의 행동은 과거 경험의 기억과 학습이 누적되어 반영된 결과물이다. 동물은 백지상태로 세상을 경험하지 않는다. 이전에 특정 행동을 통해 긍정적 결과를 얻었다면 그 행동을 반복할 가능성이 높아지고, 부정적 결과를 경험했다면 회피하려 할 것이다. 산책 줄을 보면 흥분하는 강아지는 '산책 줄'이라는 자극과 '즐거운 산책'이라는 경험이 반복적으로 연결되었음을 보여주는 명백한 증거다.

셋째, 관찰되는 행동의 이면에는 눈에 보이지 않는 정서적 동기(Emotional Motivation)와 인지적 판단(Cognitive Judgment)이 존재한다. 분리불안으로 인해 집 안을 어지럽히는 행동은 보호자에 대한 반항이 아니라, 극심한 불안과 공포라는 정서적 고통을 해소하려는 필사적인 시도일 수 있다. 이처럼 행동의 표면 아래에 있는 동물의 내적 상태를 이해하는 것이 중요하다.

결론적으로, 반려동물의 특정 행동은 교정해야 할 '문제'가 아니라, 그들의 내면 상태와 요구를 알려주는 중요한 '메시지'로 보아야 한다. 보호자가 이 메시지를 정확히 해독할 때, 비로소 문제의 근본적인 해결과 상호 간의 깊은 유대감 형성이 가능해진다. 행동을 이해하는 것은 곧 그들을 존중하는 첫걸음이다.

3-2
행동의 발생 원인: 본능과 학습의 경계

반려동물의 모든 행동은 유전적으로 프로그래밍이 된 '본능(Instinct)'과 출생 후 경험을 통해 습득되는 '학습(Learning)'이라는 두 개의 거대한 축 위에서 구성된다. 이 두 요소는 독립적으로 작용하기보다 서로 긴밀하게 상호작용하며 행동의 최종적인 형태를 빚어낸다.

본능은 종족의 생존과 번식을 위해 수만 년에 걸쳐 진화적으로 각인된 유전적 프로그램이다. 이는 특정 자극에 대해 거의 자동적으로 발현되는 고정 행동 패턴(Fixed Action Pattern)을 포함한다. 예를 들어, 고양이가 작은 움직이는 물체를 보면 즉각적으로 사냥 자세를 취하거나, 개가 자신의 영역에 침입자가 나타났을 때 경계하며 짖는 행동은 학습 없이도 발현되는 대표적인 본능적 행동이다. 본능은 행동의 기본적인 틀과 방향성을 제공하는 설계도와 같다.

반면, 학습은 개체가 살아가면서 겪는 다양한 경험을 통해 기존의 행동을 수정하거나 새로운 행동 패턴을 형성하는 과정이다. 학습을 통해 동물은 변화하는 환경에 유연하게 적응할 수 있는 능력을 얻는다. 본능이 제공한 설계도를 바탕으로 환경과 상호작용하며 세부적인 내용을 채워나가는 과정이라 할 수 있다.

사례 연구: 경계 짖음의 본능과 학습

개가 낯선 소리나 대상에 대해 짖는 행동은 영역을 방어하려는 본능적 요소가 매우 강하다. 하지만 모든 개가 동일한 방식으로 짖지는 않는다. '언제(초인종 소리에만 반응할지, 모든 발소리에 반응할지)', '어디서(창가에서만 짖을지, 현관문 앞에서 짖을지)', 그리고 '얼마나(한두 번 짖고 그칠지, 상대가 사라질 때까지 짖을지)' 짖을 것인지는 학습의 영향을 더 크게 받는다. 만약 개가 짖을 때마다 보호자가 안아주거나 간식을 주며 달랬다면, 개는 '짖음'이 관심을 얻는 효과적인 수단임을 학습하여 짖는 행동을 더 자주, 더 강하게 표현하게 될 것이다.

여기서 중요한 것은 '환경(Environment)'이라는 제3의 요소다. 본능이라는 잠재적 소인과 학습된 행동 패턴이 있더라도, 특정 환경적 자극이나 신호가 주어지지 않으면 행동은 발현되지 않는다. 즉, 본능은 행동의 틀을 제공하고, 학습은 그 틀을 세밀하게 조정하며, 환경은 행동의 발생 여부를 결정하는 스위치 역할을 한다. 이 세 가지 요소를 개별적으로 분리하여 이해하려는 시도는 행동의 전체적인 그림을 놓치게 만든다. 행동 연구의 핵심은 이들 요소가 어떻게 서로 영향을 주고받으며 하나의 통합된 행동으로 나타나는지의 상호작용 구조를 이해하는 데 있다.

3-3
자극과 반응의 연쇄: 행동의 기본 단위

반려동물의 행동은 외부에서 관찰하기에 '자극(Stimulus)'과 '반응(Response)'의 단순한 연결처럼 보일 수 있다. 예를 들어, '초인종 소리(자극)'가 나자 '개가 짖는다(반응)'와 같이 단편적으로 인식하기 쉽다. 그러나 실제 동물의 내면에서는 하나의 행동이 나타나기까지 복잡하고 연속적인 심리적 과정, 즉 '자극과 반응의 연쇄(Stimulus-Response Chain)'가 일어난다. 이 연쇄 구조를 이해하는 것은 행동의 근본 원인을 파악하는 데 필수적이다.

이 연쇄 과정은 일반적으로 다음과 같은 여섯 단계로 구성된다.

1) 자극 인지(Stimulus Perception)

감각 기관(시각, 청각, 후각 등)을 통해 외부 또는 내부의 특정 자극을 물리적으로 감지하는 단계. 예를 들어, 개가 창밖으로 지나가는 낯선 사람의 형체를 시각적으로 인지한다.

2) 의미 해석(Cognitive Interpretation)

인지된 자극이 자신에게 어떤 의미를 갖는지 과거의 경험과 기억을 바탕으로 평가하고 판단하는 단계. '낯선 사람은 잠재적 침입자일 수 있다' 또는 '낯선 사람은 과거에 나를 예뻐해 주었다'와 같이 긍정적

혹은 부정적으로 해석한다.

3) 정서적 반응(Emotional Response)

의미 해석의 결과에 따라 특정 감정(예: 불안, 공포, 흥분, 호기심)이
유발되는 단계. 낯선 사람을 위협으로 해석했다면 불안이나 경계심
이라는 정서가 발생한다.

4) 행동 선택(Behavioral Selection)

발생한 정서와 상황 판단을 바탕으로 여러 가능한 행동 대안 중
가장 효과적이라고 예측되는 행동을 선택하는 단계. 위협을 느낀 개
는 '짖기', '숨기', '도망가기' 등의 선택지 중에서 '짖어서 경고하기'를
선택할 수 있다.

5) 결과 경험(Consequence Experience)

선택한 행동을 실행한 후 뒤따르는 결과를 경험하는 단계. 짖었더
니 낯선 사람이 물러났다면(긍정적 결과), 또는 보호자에게 혼났다면
(부정적 결과) 그 경험이 기록된다.

6) 기억 저장(Memory Storage)

'자극-해석-감정-행동-결과'로 이어지는 전체 연쇄 과정이 하나
의 경험 단위로 뇌에 저장되는 단계. 이 기억은 미래에 유사한 자극
을 만났을 때의 해석과 행동 선택에 직접적인 영향을 미친다.

이 연쇄 과정은 반복될수록 각 단계의 연결이 더욱 빠르고 자동적

으로 이루어지며, 결국 의식적인 판단 없이도 특정 자극에 즉각적으로 반응하는 행동 패턴, 즉 '습관(Habit)'을 형성한다. 따라서 반려동물의 특정 행동을 이해하고 변화시키고자 할 때, 단순히 눈에 보이는 행동(④)만을 분석하고 통제하려 해서는 안 된다. 그 행동을 유발한 최초의 자극(①)부터 시작하여 의미 해석(②)과 정서적 반응(③)에 이르기까지, 연쇄 과정의 전반적인 요소를 함께 살펴보고 개입하는 것이 근본적인 해결책이 될 수 있다.

3-4
파블로프의 고전적 조건형성 이론

20세기 초 러시아의 생리학자 이반 파블로프(Ivan Pavlov)가 수행한 개의 소화 과정 연구는 우연한 발견을 통해 행동심리학의 역사적 출발점이 되었다. 그는 음식이 개의 입에 들어갔을 때 침이 분비되는 생리적 반사 작용을 연구하던 중, 음식을 주지 않고 음식을 주던 연구원의 발소리나 종소리만 들려주어도 개가 침을 흘린다는 사실을 발견했다. 이 현상을 체계적으로 연구한 결과가 바로 '고전적 조건형성(Classical Conditioning)' 이론이다(Pavlov, 1927).

고전적 조건형성은 본래 아무런 반응도 일으키지 않던 중성 자극(Neutral Stimulus)이 무조건적인 생리적·정서적 반응을 일으키는 무조건 자극(Unconditioned Stimulus)과 반복적으로 짝지어 제시됨으로써, 나중에는 그 중성 자극만으로도 무조건 반응과 유사한 조건 반응(Conditioned Response)을 유발하게 되는 학습 과정을 말한다. 파블로프의 실험을 도식화하면 다음과 같다.

조건형성 이전

- 음식(무조건 자극, UCS) → 침 분비(무조건 반응, UCR)
- 종소리(중성 자극) → 반응 없음

조건형성 과정: 종소리(중성 자극) + 음식(UCS) → 침 분비(UCR)(이 과정을 반복)

조건형성 이후: 종소리(조건 자극, CS) → 침 분비(조건 반응, CR)

약 어	의 미	설 명	예 시
UCS	무조건 자극 (Unconditioned Stimulus)	생물체가 학습 없이도 본능적으로 반응하는 자극	음식(개는 본능적으로 침을 흘림)
UCR	무조건 반응 (Unconditioned Response)	UCS에 의해 자연스럽게 나타나는 반응	침 분비(음식을 보면 자동으로 나옴)
CS	조건 자극 (Conditioned Stimulus)	원래는 반응을 유발하지 않던 자극, 반복 훈련 후 반응을 유발	종소리(원래는 반응 없음)
CR	조건 반응 (Conditioned Response)	CS에 의해 새롭게 학습된 반응	종소리만 들어도 침을 흘림

이 원리는 침 분비와 같은 단순한 생리 반응을 넘어, 반려동물의 일상 행동과 정서 반응에 깊숙이 적용된다. 고전적 조건형성은 특히

감정과 관련된 학습에 지대한 영향을 미치기 때문에 '감정의 학습'이라고도 불린다. 반려동물이 특정 대상이나 상황에 대해 느끼는 불안, 공포, 흥분, 편안함 등은 대부분 고전적 조건형성을 통해 형성된 결과물이다.

일상 속 고전적 조건형성의 예

- 문소리에 대한 흥분: 현관문 도어록 소리(중성 자극)가 날 때마다 보호자가 귀가(기쁨을 주는 무조건 자극)하는 경험이 반복되면, 나중에는 도어록 소리만 들어도(조건 자극) 보호자가 온다는 예측과 함께 흥분하고 기뻐하는(조건 반응) 모습을 보인다.
- 목줄에 대한 예측: 보호자가 목줄(중성 자극)을 잡을 때마다 즐거운 산책(무조건 자극)으로 이어졌다면, 개는 목줄을 보는 것만으로도(조건 자극) 산책을 예측하며 꼬리를 치고 즐거워하는(조건 반응) 행동을 학습한다.
- 동물병원에 대한 긴장: 동물병원(중성 자극)에 갈 때마다 주사나 진찰과 같은 불쾌한 경험(무조건 자극)을 했다면, 동물병원 건물 앞에 도착하거나 비슷한 냄새를 맡는 것만으로도(조건 자극) 불안해하고 긴장하는(조건 반응) 모습을 보이게 된다.

이처럼 고전적 조건형성은 반려동물이 세상을 어떻게 인식하고 느끼는지를 결정하는 핵심적인 심리 기제다. 특정 장소나 사물에 대한 반려동물의 부정적 감정을 바꾸기 위해서는, 해당 조건 자극을 긍정적인 무조건 자극(예: 맛있는 간식, 즐거운 놀이)과 새롭게 짝지어주는 '역조건형성(Counter-conditioning)' 기법이 효과적으로 사용될 수 있다.

3-5

스키너의 조작적 조건형성과 강화 원리

고전적 조건형성이 자극에 대한 수동적이고 반사적인 반응의 학습을 설명한다면, 미국의 심리학자 B. F. 스키너(B. F. Skinner)가 정립한 '조작적 조건형성(Operant Conditioning)'은 동물이 특정 결과를 얻거나 피하기 위해 능동적으로 환경에 작용하는 자발적 행동의 학습 원리를 설명한다(Skinner, 1953). 스키너는 동물이 우연히 한 행동이 어떤 결과를 가져오는지에 따라 그 행동의 빈도가 미래에 증가하거나 감소한다고 보았다. 즉, '행동은 그 결과의 함수'라는 것이다.

조작적 조건형성의 핵심 원리는 '강화(Reinforcement)'와 '벌(Punishment)'이다. 강화는 특정 행동의 빈도를 증가시키는 모든 결과를 의미하며, 벌은 특정 행동의 빈도를 감소시키는 모든 결과를 의미한다. 이는 다시 긍정적(무언가를 제공하는 것) 방식과 부정적(무언가를 제거하는 것) 방식으로 나뉜다.

- 정적 강화(Positive Reinforcement): 행동 후에 선호하는 자극(예: 간식, 칭찬, 놀이)을 제공하여 그 행동의 빈도를 높이는 것. 가장 효과적이고 긍정적인 훈련 방법으로 알려져 있다.
- (예: 개가 '앉아' 명령에 앉자, 간식을 준다 → 이후 '앉아' 행동이 증가한다.)
- 부적 강화(Negative Reinforcement): 행동 후에 혐오스러운 자극(예: 압박, 불편함)을 제거하여 그 행동의 빈도를 높이는 것.
- (예: 초크 체인을 당기다가 개가 옆에 붙어 걷자, 압박을 풀어준다 → 옆에 붙어 걷는 행동이 증가한다.)

- 정적 처벌(Positive Punishment): 행동 후에 혐오스러운 자극 (예: 소리치기, 때리기)을 가하여 그 행동의 빈도를 낮추는 것.
- (예: 개가 짖을 때 큰 소리로 혼낸다 → 짖는 행동이 감소한다.)
- 부적 처벌(Negative Punishment): 행동 후에 선호하는 자극 (예: 관심, 장난감)을 제거하여 그 행동의 빈도를 낮추는 것.
- (예: 개가 손을 깨물면 놀이를 즉시 중단하고 자리를 뜬다 → 손을 깨무는 행동이 감소한다.)

이러한 원리는 현대 반려동물 훈련의 이론적 기반을 형성하며, 보호자의 일상적인 상호작용 속에서 끊임없이 작동하고 있다. 반려동물의 많은 행동은 우연의 산물이 아니라, 보호자나 환경으로부터 어떤 종류의 강화나 벌을 받았는지에 따라 체계적으로 형성된 결과물이다.

예를 들어, 강아지가 낑낑거릴 때마다 안아주거나 관심을 주는 것은 보호자로서는 달래주려는 의도지만, 강아지 처지에서는 '낑낑거리는 행동'에 대해 '관심'이라는 강력한 정적 강화를 받는 것이다. 이 과정이 반복되면 강아지는 원하는 것을 얻기 위해 낑낑거리는 행동을 더 자주 사용하게 된다. 반대로, 강아지가 짖을 때마다 아무런 반응도 보이지 않고 무시한다면(부적 처벌 또는 소거), 짖는 행동을 통해 얻을 수 있는 결과가 없으므로 점차 그 빈도가 줄어들게 된다.

따라서 바람직한 행동을 가르치고 문제 행동을 줄이기 위해서는, 보호자가 조작적 조건형성의 원리를 정확히 이해하고 자신의 반응이 반려동물의 행동에 어떤 영향을 미치고 있는지를 객관적으로 파악하는 것이 매우 중요하다.

3-6

강화·벌·소거의 심리학적 메커니즘

조작적 조건형성에서 행동의 빈도를 조절하는 세 가지 핵심 기제는 강화(Reinforcement), 벌(Punishment), 그리고 소거(Extinction)이다. 이들은 단순히 행동의 증감에만 영향을 미치는 것이 아니라, 반려동물의 정서 상태와 학습 동기에도 깊은 영향을 미치므로 그 심리학적 메커니즘을 정확히 이해할 필요가 있다.

1) 강화(Reinforcement)

강화는 특정 행동을 한 결과 긍정적인 결과(정적 강화)를 얻거나 부정적인 상황(부적 강화)을 피하게 되어, 해당 행동의 반복 가능성을 높이는 과정이다. 강화, 특히 정적 강화는 반려동물 훈련에서 가장 권장되는 방법이다. 그 이유는 행동의 빈도를 높이는 효과뿐만 아니라, 긍정적인 정서적 부수 효과를 동반하기 때문이다. 칭찬, 간식, 놀이와 같은 강화물은 반려동물에게 즐거움과 만족감을 주며, 학습 과정 자체를 긍정적인 경험으로 만든다. 이는 보호자와의 신뢰 관계(라포)를 증진시키고, 동물이 새로운 것을 배우려는 자발적인 동기를 부여하여 학습 효율을 극대화한다.

2) 벌(Punishment)

벌은 특정 행동을 한 결과 불쾌한 자극(정적 처벌)을 받거나 좋아하는 것(부적 처벌)을 잃게 되어, 해당 행동의 반복 가능성을 낮추는 과정이다. 특히 소리치기, 때리기, 전기 충격기와 같은 정적 처벌은 원치 않는 행동을 즉각적으로 억제하는 것처럼 보일 수 있다. 그러나 그 이면에는 심각한 정서적 부작용이 존재한다. 벌은 반려동물에게 다음과 같은 심리적 문제를 초래할 수 있다.

- 두려움과 불안 증가: 벌은 행동 자체보다 벌을 가하는 보호자나 특정 상황에 대한 공포를 학습시킨다. 이는 전반적인 불안 수준을 높이고 보호자와의 관계를 손상시킨다.
- 회피 및 도피 행동: 동물이 문제의 근원을 해결하기보다 벌을 피하려고 숨거나 도망가는 행동을 학습하게 된다.
- 공격성 유발: 고통이나 공포를 느낀 동물은 자기방어를 위해 공격적인 반응을 보일 수 있다.
- 학습된 무기력(Learned Helplessness): 지속적이고 예측 불가능한 벌에 노출된 동물은 자신의 행동으로 상황을 통제할 수 없다고 학습하여, 결국 아무런 시도도 하지 않는 무기력 상태에 빠질 수 있다.

3) 소거(Extinction)

소거는 과거에 강화를 받아 유지되던 행동이 더 이상 강화되지 않음으로써 점차 그 빈도가 줄어들어 결국 사라지는 과정이다. 예를 들어, 관심을 끌기 위해 짖던 개를 완전히 무시하면, 짖는 행동이 더 이상 '관심'이라는 강화를 받지 못하므로 점차 사라지게 된다. 그러나 소거 과정에서는 '소거 폭발(Extinction Burst)'이라는 일시적인 현상이 나타날 수 있다. 이는 행동이 사라지기 직전에 오히려 그 빈도나 강도가 폭발적으로 증가하는 현상이다. 개가 더 크고, 더 길게, 더 자주 짖는 행동을 보이는 것이 그 예다. 많은 보호자가 이를 행동이 악화되었다고 오해하고 중도에 포기하거나 다시 반응(강화)을 해주곤 한다. 하지만 소거 폭발은 행동이 사라지기 전 나타나는 자연스러운 과정이므로, 이 시기를 일관성 있게 견디는 것이 소거를 성공시키는 핵심이다.

3-7
습관, 본능, 환경 자극의 상호작용

반려동물이 특정 순간에 보이는 하나의 행동은 단일한 원인에 의해 발생하는 경우가 드물다. 대부분의 행동은 내재된 '본능적 동기', 과거 경험을 통해 형성된 '학습된 습관', 그리고 현재 마주한 '환경 자극'이라는 세 가지 주요 요인이 복잡하게 상호작용하여 나타나는 종합적인 결과물이다. 따라서 효과적인 행동 분석과 교정을 위해서는 이 세 가지 요소를 통합적으로 고려하는 시각이 필수적이다.

사례 분석: 낯선 사람에게 짖는 행동의 다차원적 원인

한 마리의 개가 집을 방문한 낯선 사람에게 짖는 행동을 보인다고 가정해 보자. 이 행동은 다음과 같은 세 가지 요소의 결합으로 설명될 수 있다.

1) 본능적 동기(Instinctive Drive)

개는 늑대로부터 유래한 영역 동물로서, 자신의 영역(집)에 침입한 낯선 존재에 대해 경계하고 방어하려는 본능을 가지고 있다. 짖음은 잠재적 위협을 경고하고 무리를 보호하려는 유전적 프로그램의 발현이다. 이는 행동의 가장 근원적인 동력을 제공한다.

2) 학습된 습관(Learned Habit)

과거에 이 개가 낯선 사람에게 짖었을 때, 그 사람이 무서워서 뒷걸음질 쳤거나(짖는 행동이 위협을 몰아내는 데 성공함-부적 강화), 혹은 보호자가 "조용히 해!"라고 소리치며 관심을 보였다면(짖는 행동이 관심을 유발함-정적 강화), 개는 '짖는 것'이 특정 상황에서 효과적인 전략임을 학습하게 된다. 이러한 강화 경험이 반복되면서 짖는 행동은 견고한 습관으로 자리 잡는다.

3) 현재 환경 자극(Current Environmental Stimuli)

낯선 방문객의 행동 또한 개의 반응에 큰 영향을 미친다. 만약 방문객이 갑작스럽게 움직이거나, 큰 소리를 내거나, 개를 빤히 쳐다보는 등 위협적으로 인식될 수 있는 신호(환경 자극)를 보낸다면, 이는 개의 경계심을 증폭시켜 짖는 행동을 더욱 쉽게 촉발하는 스위치 역할을 한다.

이처럼 짖는 행동은 본능적 경계심, 과거의 강화 경험, 그리고 현재의 환경적 위협 신호라는 세 요소가 동시에 작동한 결과다. 만약 보호자가 이 행동을 교정하기 위해 단순히 짖지 못 하도록 억압하거나 벌을 주는 방식(훈육)에만 의존한다면, 이는 행동의 표면만을 다룰 뿐 근본적인 원인을 해결하지 못한다. 짖음의 기저에 있는 경계심이라는 본능적 동기는 사라지지 않으며, 환경적 자극이 주어지면 행동은 다시 재발할 우려가 크다.

따라서 성공적인 행동 교정은 다차원적 접근을 요구한다. 즉, 동물의 본능적 요구를 이해하고 충족시켜 줄 수 있는 다른 배출구를 마련해주고(예: 충분한 산책과 노즈 워크), 짖는 행동이 강화되지 않도록 보호자의 반응과 환경을 통제하며(학습 원리 적용), 방문객에게 개를 위협하지 않는 행동 요령을 안내하는(환경 조정) 등, 본능·학습·환경이라는 세 가지 축을 함께 조정하는 통합적 전략이 필요하다.

3-8
관찰학습과 사회적 모델링의 적용

반려동물의 학습은 개체가 직접적인 강화나 벌을 경험하는 조작적 조건형성에만 국한되지 않는다. 동물, 특히 사회적 동물은 다른 개체의 행동과 그 결과를 관찰하는 것만으로도 새로운 행동을 학습하거나 기존 행동을 수정할 수 있다. 이러한 학습 방식을 '관찰학습(Observational Learning)' 또는 '사회적 학습(Social Learning)'이라 하며, 이때 관찰의 대상이 되는 개체를 '사회적 모델(Social Model)'이라고 부른다(Bandura, 1977).

관찰학습은 동물이 위험한 시행착오를 직접 겪지 않고도 생존에 필요한 기술이나 사회적 규칙을 효율적으로 습득하게 해주는 중요한 진화적 이점을 가진다. 이는 인간의 사회적 학습 과정과 매우 유사한 메커니즘을 공유하며, 반려동물의 일상에서도 다양한 형태로 관찰된다.

관찰학습의 주요 형태

- 행동 모방(Imitation): 다른 동물의 새로운 행동을 관찰하고 그대로 따라 하는 것이다. 예를 들어, 어미 개가 문을 여는 방법을 보고 새끼 강아지가 그 행동을 모방하여 시도하는 경우가 이에 해당한다.

- 사회적 촉진(Social Facilitation): 다른 동물이 특정 행동을 하는 것을 보고, 이미 할 줄 알지만 하고 있지 않던 행동의 동기가 유발되어 함께 수행하는 현상이다. 한 마리의 개가 짖기 시작하면 주변의 다른 개들이 자극받아 함께 짖는 행동이 대표적인 예다.

- 정서 전이(Emotional Contagion): 보호자나 다른 동물의 감정 상태가 관찰자에게 전이되어 유사한 정서 및 행동 반응을 보이는 현상이다. 보호자가 천둥소리에 불안해하면, 반려견도 그 불안을 감지하고 덩달아 불안 증세를 보이는 경우가 많다. 이는 보호자의 감정적 반응이 반려견에게 사회적 참조(Social Referencing) 정보로 작용하기 때문이다.

다견가정 및 훈련 환경에서의 사회적 모델링

관찰학습의 원리는 여러 마리의 동물이 함께 생활하는 환경, 즉 다견가정, 강아지 유치원, 훈련센터, 보호소 등에서 특히 큰 영향력을 발휘한다. 새로 입양된 강아지는 기존에 있던 개가 배변 패드에 용변을 보거나, 특정 시간에 밥을 먹고, 보호자의 특정 지시에 따르는 모습을 관찰하며 새로운 환경의 규칙을 훨씬 빠르게 습득할 수 있다. 이 경우, 기존의 개는 매우 효과적인 '사회적 모델' 역할을 수행한다.

반대로, 한 마리의 개가 가진 분리불안이나 과도한 짖음과 같은 문제 행동이 다른 개에게 학습될 수도 있다. 따라서 잘 조직된 사회적 환경을 제공하는 것은 바람직한 행동을 빠르게 전파하고 습득하도록 돕는 강력한 교육적 도구가 될 수 있다. 훈련사는 안정적이고 사회성이 좋은 개를 '도우미견(helper dog)'으로 활용하여, 불안하거나 공격적인 성향을 가진 개의 행동을 긍정적으로 변화시키는 데 사회적 모델링을 적용하기도 한다.

결론적으로, 반려동물은 고립된 개체가 아니라 사회적 맥락 속에서 상호작용하며 배우는 존재다. 보호자는 자신이 반려동물에게 가장 중요한 사회적 모델임을 인지하고, 자신의 행동과 감정 표현이 반려동물에게 어떤 영향을 미칠지 항상 고려해야 한다. 또한, 긍정적인 사회적 상호작용 기회를 제공함으로써 반려동물의 사회적 학습 능력을 극대화할 수 있다.

3-9
행동교정의 심리학적 원리와 실제

반려동물 행동 교정은 단순히 겉으로 드러나는 문제 행동을 억제하거나 제거하는 기술적인 과정이 아니다. 진정한 의미의 행동 교정은 해당 행동의 기저에 있는 정서적, 인지적 원인을 파악하고, 동물이 처한 환경을 재구성하여 바람직하지 않은 행동을 할 필요가 없도록 만들며, 그 자리에 새롭고 긍정적인 행동 패턴을 설계해 주는 심리학적 개입 모델에 가깝다. 이는 동물의 변화뿐만 아니라 보호자의 인식과 행동 변화, 그리고 상호 관계의 재정립을 포괄하는 종합적인 접근을 요구한다.

성공적인 행동 교정 프로그램은 다음과 같은 핵심 원리들을 체계적으로 적용한다.

1) 문제 행동의 기능 파악(Functional Analysis)

가장 먼저 '왜 그 행동을 하는가?'를 분석해야 한다. 행동의 기능 분석(ABC 분석: Antecedent-Behavior-Consequence)을 통해 행동이 일어나기 직전의 상황(선행 사건), 행동의 구체적인 모습(행동), 그리고 행동 후에 뒤따르는 결과(후속 결과)를 파악한다. 이를 통해 행동이 관심을 얻기 위함인지, 불안을 해소하기 위함인지, 특정 자원을 얻기 위함인지 등 그 '기능'을 명확히 정의한다.

2) 환경적 유발 요인 제거 또는 조정(Environmental Management)

문제 행동을 촉발하는 환경적 자극(선행 사건)을 관리하는 단계다. 예를 들어, 창밖을 보고 짖는 개의 경우, 창문에 시트지를 붙여 외부 자극을 차단하는 것이 이에 해당한다. 이는 문제 행동이 발생할 기회 자체를 원천적으로 줄여준다.

3) 대체 행동 제시(Teaching Alternative Behaviors)

문제 행동과 동일한 기능을 수행하지만, 사회적으로 더 바람직한 '대체 행동'을 가르치고 강화하는 것이다. 예를 들어, 손님에게 달려드는 개에게 달려드는 대신 '앉아서 기다리기'를 가르치고, 그 행동을 했을 때 간식과 칭찬으로 강력하게 보상한다. 이는 동물에게 문제 상황에서 무엇을 '하지 말아야' 하는지가 아니라, 무엇을 '해야 하는지'를 명확히 알려준다.

4) 강화 스케줄 설계(Reinforcement Scheduling)

새로운 대체 행동이 안정적으로 자리 잡을 수 있도록 체계적인 강화 계획을 세운다. 초기에는 행동이 성공할 때마다 보상(연속 강화)하다가, 점차 불규칙적인 간격으로 보상(간헐 강화)하여 행동이 소거에 저항력을 갖고 오랫동안 유지되도록 설계한다.

5) 보호자 행동 변화(Owner Education and Coaching)

반려동물의 행동은 보호자의 반응과 밀접하게 연결되어 있다. 보호자가 무심코 문제 행동을 강화하고 있지는 않은지 파악하고, 일관된 규칙을 적용하며, 동물의 신호를 정확히 읽고 소통하는 방법을 교육하는 과정이 필수적이다. 행동 교정의 성패는 보호자의 참여와 변화에 달려있다 해도 과언이 아니다.

6) 정서적 안정 기반 형성(Emotional Well-being Foundation)

모든 행동 교정의 바탕에는 동물의 정서적 안정이 있어야 한다. 충분한 산책, 놀이, 휴식을 통해 스트레스를 관리하고, 긍정적 강화를 통해 보호자와의 신뢰 관계를 구축하여 안정적인 정서 상태를 만들어주는 것이 학습 능력을 높이고 행동 변화를 촉진하는 가장 중요한 기반이 된다.

3-10

반려동물 행동 심리 연구의 한계와 미래 방향

지난 수십 년간 반려동물 행동심리학은 파블로프와 스키너의 고전적 연구를 바탕으로 눈부신 발전을 이루었으며, 이를 통해 수많은 동물의 문제 행동을 개선하고 동물복지를 증진시키는 데 기여해왔다. 그러나 여전히 이 분야는 몇 가지 본질적인 한계에 직면해 있으며, 동시에 새로운 기술의 발전과 함께 혁신적인 미래를 맞이하고 있다.

현재 행동 연구의 주요 한계

- 외부 관찰의 한계: 행동주의의 전통에 따라 연구는 주로 관찰할 수 있는 외부 행동에 초점을 맞춘다. 동물의 내면에서 일어나는 정서, 인지, 의도와 같은 '블랙박스'를 직접 측정하기 어려워, 행동을 통해 간접적으로 추론할 수밖에 없는 구조적 한계를 가진다.
- 실험실과 실제 환경의 괴리: 통제된 실험실 환경에서 도출된 행동 원리가 복잡하고 예측 불가능한 변수가 많은 실제 가정 환경에서 그대로 적용되지 않는 경우가 많다. 이를 '생태학적 타당성(Ecological Validity)'의 문제라고 한다.
- 해석의 편향성: 연구자나 보호자가 동물의 행동을 해석할 때, 인간의 감정이나 생각을 투영하는 '의인화(Anthropomorphism)'의 오류를 범하거나, 반대로 모든 행동을 단순한 생물학적 반사 작용으로 환원하는 '과도한 환원주의'의 편향에 빠질 위험이 상존한다.

- 정서와 인지의 통합 분석 부족: 전통적으로 행동 연구는 학습 원리에, 인지 연구는 문제 해결 능력에, 정서 연구는 생리적 반응에 각각 초점을 맞추어왔다. 이들을 통합하여 행동이 발현되는 총체적인 과정을 분석하려는 시도는 비교적 최근의 일이다.

기술 발전과 행동 연구의 미래 패러다임

이러한 한계에도 불구하고, 정보통신기술(ICT)과 인공지능(AI)의 발전은 행동 연구의 패러다임을 근본적으로 변화시키고 있다.

먼저, AI 기반 행동 데이터 분석 기술은 24시간 촬영된 영상 데이터를 통해 인간이 포착하기 어려운 미세한 행동 패턴이나 활동량의 변화를 정량적으로 분석할 수 있게 해준다. 이를 통해 분리불안의 초기 징후를 감지하거나, 통증으로 인한 행동 변화를 객관적으로 평가하는 것이 가능해진다.

웨어러블 기기의 보급은 행동 연구에 새로운 차원을 열고 있다. 목줄이나 하네스에 부착된 센서는 심박수, 심박 변이도(HRV), 호흡수, 체온 등 동물의 실시간 생리 지표를 측정하여 스트레스 수준이나 정서 상태를 객관적인 데이터로 보여준다. 이는 행동 관찰만으로는 알 수 없었던 동물의 내적 상태를 들여다볼 수 있는 창을 제공한다.

나아가, 이러한 데이터들을 통합하여 반려동물과 인간의 상호작용을 실시간으로 분석하는 알고리즘이 개발되고 있다. 이는 보호자의 특정 행동이 반려동물에게 어떤 정서적, 생리적 변화를 유발하는지 즉각적으로 피드백을 줌으로써, 보다 효과적인 소통과 훈련을 가능하게 할 것이다. 또한, 보호소와 같은 다수 개체 환경에서 동물의 행동 및 정서 평가 도구를 표준화하고 자동화하여, 각 개체의 복지 수준을 체계적으로 관리하고 입양 성공률을 높이는 데 기여할 수 있다.

결론적으로, 미래의 반려동물 행동심리는 단순한 훈련 기술의 이론적 기반을 넘어, 동물복지 정책 수립, AI 기반 스마트 펫 케어 시스템 개발, 맞춤형 보호자 교육 프로그램 설계 등 다양한 분야와 융합하는 종합적 응용 과학으로 그 영역을 확장해 나갈 것이다.

Pet Behavioral Psychology

제4장

애착 이론과 반려동물 관계

　본 장은 존 보울비(John Bowlby)의 애착 이론(Attachment Theory)을 이론적 토대로 삼아, 인간과 반려동물 간의 복합적인 관계를 심리학적 관점에서 심층적으로 분석한다. 본래 인간의 초기 유대 관계를 설명하기 위해 정립된 이 이론은, 인간-동물 관계가 단순한 소유나 돌봄의 차원을 넘어 상호 간의 생존과 정서적 안녕에 기여하는 심리적 파트너십이라는 전제하에 그 적용 가능성을 탐색한다. 본 장은 보호자가 반려동물에게 세상 탐색의 근거지이자 심리적 안식처로서 기능하는 '안전 기지(Safe Base)'의 역할을 어떻게 수행하며, 이 관계의 질이 반려동물의 심리, 사회적 발달에 어떠한 영향을 미치는지 규명한다. 나아가 메리 에인스워스(Mary Ainsworth)의 연구를 원용하여, 상호작용의 질에 따라 분화되는 '안정 애착', '불안정-회피 애착', '불안정-양가 애착'의 유형을 제시하고, 이를 반려동물의 행동 이면에 숨겨진 관계적 역동을 평가하는 분석적 틀로 활용한다.

　특히 본 장은 반려동물의 애착 유형이 보호자의 내적 작동 모델(Internal Working Model)과 양육 태도를 반영하는 경향이 있음을 강조하며, 보호자의 비일관성, 과잉보호, 또는 과거의 트라우마가 분리불안이나 과잉 의존과 같은 문제 행동의 핵심 기제로 작용하는 과정을 심도 있게 고찰한다. 마지막으로, 학대나 유기 등으로 손상된 애착 관계의 회복 메커니즘을 심리학적으로 조망하고, 긍정 강화, 예측할 수 있는 상호작용, 전문가의 개입을 통한 신뢰 재구축 과정을 제시함으로써, 애착 이론이 반려 심리상담, 행동 교정, 보호자 교육 등 실천적 영역에서 인간과 동물의 상호 안녕(mutual well-being)을 증진시키는 핵심적 이론적 기반이 될 수 있음을 제언한다.

4-1
애착 이론의 개요와 반려 심리학적 의의

애착 이론(Attachment Theory)은 본래 정신분석학자 존 보울비(John Bowlby)에 의해 정립된 이론으로, 인간 유아가 주 양육자와 형성하는 강력하고 지속적인 정서적 유대를 설명하는 데서 출발하였다. 이 이론은 유아가 생존을 위해 양육자에게 근접성을 유지하려는 선천적 동기를 가지며, 이 관계의 질이 개인의 전 생애에 걸친 정서 발달, 사회적 관계 형성, 스트레스 대처 방식에 결정적인 영향을 미친다고 본다(Bowlby, 1969). 초기에는 인간관계에 국한되어 연구되었으나, 최근 반려심리학(Companion Animal Psychology) 분야에서는 인간과 반려동물 사이에서도 이와 매우 유사한 애착 구조가 형성된다는 사실이 경험적 연구를 통해 밝혀지고 있다.

반려 심리학적 관점에서 애착 이론의 의의는 매우 크다. 이는 반려동물과 보호자 간의 관계를 단순한 소유나 돌봄의 차원을 넘어, 상호 간의 깊은 정서적 유대로 이해하는 분석적 틀을 제공하기 때문이다. 반려동물이 보이는 다양한 행동, 특히 분리불안, 과잉 의존, 공격성과 같은 문제 행동의 근원을 파악하고 해결하는 데 있어 애착 관계의 질을 평가하는 것은 핵심적인 과정이다. 안정적인 애착 관계는 반려동물의 정서적 안정과 건강한 사회화의 기반이 되며, 보호자 역시 반려동물과의 긍정적 유대를 통해 심리적 안정감, 스트레스 감소, 삶의 만족도 향상 등 강력한 정서적 지지를 얻게 된다. 따라서 애착 이론은 반려동물과 인간의 상호 안녕(mutual well-being)을 증진시키는 과학적이고 실천적인 접근법을 제시하는 중요한 이론적 토대라 할 수 있다.

4-2
Bowlby의 애착 이론과 기본 개념

존 보울비는 애착을 특정 대상과의 근접성을 추구하고 유지하려는 모든 형태의 행동으로 정의하며, 이를 낭만적 감정이 아닌 생존을 위한 진화적 본능으로 간주했다. 그는 애착 체계가 위협적인 상황에서 활성화되어, 애착 대상(주로 양육자)에게 보호를 요청함으로써 생존 확률을 높이는 기능을 한다고 설명했다. 이 이론의 핵심 개념 중 하나는 '안전 기지(Safe Base)'이다. 안전 기지란, 유아가 위협을 느끼거나 불안할 때 돌아와 위안과 안정을 얻을 수 있는 양육자의 존재를 의미한다. 양육자가 신뢰할 수 있는 안전 기지 역할을 할 때, 유아는 안심하고 주변 환경을 탐색하며 독립성과 자율성을 발달시킬 수 있다.

이러한 개념은 보호자-반려동물 관계에 그대로 적용될 수 있다. 반려동물에게 보호자는 음식과 쉼터를 제공하는 존재를 넘어, 세상의 불확실성과 위협으로부터 자신을 지켜주는 정서적 안전 기지이다. 보호자의 존재는 반려동물의 스트레스 수준을 조절하는 데 결정적인 역할을 한다. 예를 들어, 낯선 환경이나 새로운 자극에 노출되었을 때, 보호자가 곁에 있는 것만으로도 반려동물의 심박수나 스트레스 호르몬(코르티솔) 수치가 안정적으로 유지될 수 있다. 반대로, 신뢰하는 보호자의 부재는 반려동물에게 극심한 불안을 유발하며, 이는 문제 행동으로 이어질 수 있다. 결국 보호자가 얼마나 일관되고 예측할 수 있는 안전 기지가 되어주는가에 따라 반려동물의 행동 양식, 사회성, 나아가 신체적 건강까지 크게 좌우된다.

4-3
Ainsworth의 애착 유형 분류

메리 에인스워스(Mary Ainsworth)는 보울비의 이론을 확장하여, '낯선 상황 절차(Strange Situation Procedure)'라는 실험을 통해 유아와 양육자 간 애착의 질적 차이를 관찰하고 이를 유형화했다(Ainsworth et al. 1978). 이 연구는 애착 관계가 단순히 '있다/없다'의 이분법적 개념이 아니라, 상호작용의 질에 따라 다양한 형태로 나타남을 보여주었다. 이러한 애착 유형은 반려동물과 보호자의 관계에서도 유사하게 관찰되며, 주요 유형은 다음과 같다.

- 안정 애착(Secure Attachment): 가장 건강한 애착 유형이다. 안정 애착을 형성한 반려동물은 보호자를 신뢰할 수 있는 안전 기지로 인식한다. 보호자와 함께 있을 때 편안함을 느끼고 활발하게 환경을 탐색하며, 보호자가 잠시 떠나도 과도한 불안을 보이지 않고 잘 견딘다. 보호자가 돌아왔을 때는 명백한 기쁨을 표현하며 쉽게 안정을 되찾는다. 이는 보호자와의 상호작용에 대한 긍정적 경험과 신뢰가 내재화된 결과이다.

- 불안정-회피 애착(Anxious-Avoidant Attachment): 이 유형의 반려동물은 보호자와의 관계에서 정서적 거리감을 보인다. 보호자가 곁에 있거나 없거나 큰 반응의 차이를 보이지 않으며, 재회 시에도 보호자를 무시하거나 회피하는 경향이 있다. 이는 과거 보호자로부터 자신의 요구가 거절당하거나 무시당한 경험이 반복되어, 애착 행동을 표현하는 것 자체를 포기한 결과로 해석될 수 있다.

- 불안정-양가(저항) 애착(Anxious-Ambivalent/Resistant Attachment): 이 유형은 보호자에 대한 극단적인 집착과 분리불안이 특징이다. 보호자가 곁에 있을 때도 완전히 안심하지 못하고 곁을 맴돌며, 보호자가 떠나면 극심한 스트레스 반응을 보인다. 그러나 재회 시에는 안정을 찾기보다, 보호자에게 매달리면서도 동시에 화를 내거나 밀어내는 등 이중적인(ambivalent) 감정을 표현한다. 반려견에게서 흔히 관찰되는 분리불안은 이 불안정-양가 애착의 대표적인 행동 양상으로, 유년기 사회화 부족이나 보호자의 비일관적인 양육 태도와 깊은 관련이 있다.

4-4

보호자-반려동물 관계의 애착 구조

보호자와 반려동물 간의 관계는 단일한 역할로 규정될 수 없는 다면적 구조를 가진다. 보호자는 반려동물의 생존에 필수적인 자원을 제공하는 양육자(Caregiver), 정서적 위안과 안정을 주는 안전 기지(Safe Base), 그리고 사회적 규칙과 행동의 경계를 가르치는 훈육자(Disciplinarian)의 역할을 동시에 수행한다. 이 복합적인 역할 속에서 형성되는 애착은 단순한 애정 표현이나 습관적 상호작용을 넘어, 깊은 심리적 유대와 상호 신뢰의 총체적 결과물이다.

애착의 질을 결정하는 핵심 요인은 보호자의 반응성과 상호작용의 패턴에 있다.

첫째, 감정 상태의 안정성이다. 보호자가 평온하고 긍정적인 감정 상태를 유지할 때, 반려동물은 안정감을 느끼고 세상을 안전한 곳으로 인식한다.

둘째, 반응의 일관성이다. 반려동물이 특정 신호를 보냈을 때(예: 불안을 표현하거나 놀이를 요청할 때) 보호자가 예측할 수 있고 일관된 방식으로 반응하면, 반려동물은 자신의 행동이 의미 있는 결과를 가져온다는 신뢰를 쌓게 된다.

셋째, 긍정적 상호작용의 빈도이다. 함께하는 놀이, 스킨십, 산책 등 즐거운 경험을 자주 공유하는 것은 애착을 강화하는 가장 효과적인 방법이다. 이러한 요소들이 조화롭게 작용할 때, 보호자와 반려동물 사이에는 단순한 주종 관계를 넘어선, 상호 의존적이고 지지적인 파트너십으로서의 견고한 애착 구조가 형성된다.

4-5
반려동물의 애착 행동과 정서 표현

인간과 달리 언어를 사용하지 못하는 반려동물은 다양한 비언어적 신호와 행동을 통해 자신의 정서 상태와 애착 관계를 표현한다. 이러한 행동들을 정확히 이해하는 것은 보호자가 반려동물의 내면세계를 파악하고 적절히 반응하는 데 필수적이다. 반려동물의 대표적인 애착 표현 행동은 다음과 같다.

- 근접성 추구(Proximity Seeking): 보호자를 졸졸 따라다니거나, 같은 공간에 머무르려 하고, 신체 일부라도 접촉하려는 행동. 이는 보호자를 안전 기지로 인식하고 그 곁에 있을 때 안정감을 느낀다는 명백한 증거이다.

- 재회 시의 격한 반응(Reunion Behaviors): 보호자가 외출 후 돌아왔을 때 꼬리를 치고, 짖고, 뛰어오르고, 핥는 등의 행동은 애착 대상과의 재결합에 대한 기쁨을 표현하는 핵심 지표이다.

- 사회적 참조(Social Referencing): 낯선 사람이나 새로운 사물을 마주했을 때, 행동하기 전에 먼저 보호자의 표정이나 반응을 살피는 행동. 이는 불확실한 상황에서 어떻게 대처해야 할지 보호자에게서 단서를 얻으려는 신뢰의 표현이다.

- 신체적 접촉 및 그루밍(Physical Contact & Grooming): 보호자의 몸에 기대거나, 무릎에 올라오거나, 얼굴이나 손을 핥는 행동은 친밀감과 유대를 강화하려는 본능적인 표현이다.
- 특정 울음소리 및 시선 맞춤(Vocalization & Eye Contact): 보호자에게만 보이는 특정 울음소리나 부드러운 시선 맞춤은 상호 간의 정서적 교감을 시도하는 행위로, 연구에 따르면 이러한 상호작용은 인간과 반려동물 모두에게서 '사랑 호르몬'인 옥시토신 분비를 촉진한다.

이러한 행동들은 단순히 학습된 결과가 아니라, 보호자를 향한 깊은 신뢰와 친밀감을 바탕으로 한 안정된 애착 관계가 형성되었음을 보여주는 중요한 증거들이다.

4-6
반려동물과 보호자 간 애착 스타일 연구

최근 연구들은 보호자의 성격 특성과 양육 태도가 반려동물의 애착 유형 및 행동 문제에 직접적인 영향을 미친다는 사실을 명확히 보여주고 있다. 즉, 반려동물의 애착 스타일은 독립적으로 형성되기보다 보호자의 애착 스타일을 반영하는 '거울'과 같은 특성을 보인다. 예를 들어, 보호자 자신이 타인과의 관계에서 불안-집착적 성향을 보이는 경우, 반려동물의 작은 행동 하나하나에 과민하게 반응하고 지나치게 간섭하며 과잉보호할 가능성이 높다. 이러한 환경에서 자란 반려동물은 보호자 없이는 아무것도 할 수 없다고 학습하게 되어, 과잉 애착이나 심각한 분리불안을 나타낼 확률이 유의미하게 증가한다.

반대로, 안정적인 애착 스타일을 가진 보호자는 반려동물의 독립성을 존중하면서도 필요할 때 일관된 지지와 애정을 제공한다. 이들은 반려동물이 보내는 신호를 민감하게 인지하고 적절히 반응하며, 긍정 강화 훈련을 통해 바람직한 행동을 끌어낸다. 이러한 보호자와 관계를 맺은 반려동물은 자신감을 가지고 새로운 환경과 사회적 상황을 탐색하며, 다른 개나 사람들과의 관계에서도 안정적인 사회화 능력을 발휘하는 경향이 있다. 이처럼 보호자의 성격, 감정 조절 능력, 양육에 대한 신념 등은 반려동물의 정서 건강과 직결되므로, 반려 심리상담에서는 반려동물의 문제 행동을 교정하기 위해 보호자의 심리 상태와 양육 태도를 먼저 평가하고 개선하는 접근이 매우 중요하다.

4-7
분리불안의 심리적 원인과 행동 양상

분리불안(Separation Anxiety)은 반려동물이 주 애착 대상인 보호자와 떨어져 있을 때 느끼는 극심한 공포와 스트레스 반응으로, 대표적인 애착 관련 문제 행동이다. 이는 단순히 외로움을 타는 수준을 넘어, 보호자의 부재를 생존에 심각한 위협으로 인식하는 심리적 장애 상태에 가깝다. 분리불안의 심리적 원인은 복합적이지만, 주로 다음과 같은 요인들이 작용한다.

- 유견기의 사회화 부족: 생후 3~16주 사이의 사회화 시기에 혼자 있는 경험을 충분히 하지 못하고 항상 보호자와 함께 지낸 경우, 독립적으로 시간을 보내는 능력을 학습하지 못하게 된다.
- 보호자의 일관성 없는 반응: 반려동물이 불안을 표현하며 낑낑대거나 짖을 때마다 보호자가 즉각적으로 반응하여 달래주면, 반려동물은 '불안을 표현해야만 보호자의 관심을 얻을 수 있다.'라고 학습하게 되어 불안 행동이 강화된다.
- 과잉보호 및 의인화: 보호자가 반려동물을 지나치게 의인화하여 모든 욕구를 즉각적으로 충족시켜 주고 과잉보호하는 경우, 반려동물은 좌절을 견디는 능력을 기르지 못하고 보호자에게 병적으로 의존하게 된다.
- 과거의 트라우마: 유기, 파양, 학대, 장기간 보호소 생활 등 과거에 애착 대상과 갑작스러운 단절을 경험한 경우, 새로운 보호자에게 더욱 집착하며 다시 버려질지 모른다는 불안을 느끼기 쉽다.

이러한 심리적 원인으로 인해 나타나는 대표적인 행동 양상은 다음과 같다. 보호자가 외출 준비를 하는 등 떠날 조짐만 보여도 안절부절못하고 과도한 불안 반응을 보이기 시작하며, 혼자 남겨졌을 때 과도한 짖음이나 하울링, 배변 실수, 문이나 가구를 긁고 파괴하는 행동, 자기 발이나 꼬리를 강박적으로 핥거나 무는 자해 행동 등을 보인다. 이는 반려동물이 겪는 극심한 정신적 고통의 외적 표현이다.

4-8

의존성 및 보호 욕구의 심리적 구조

　반려동물의 의존성은 보호자를 신뢰하고 따르는 건강한 관계의 자연스러운 일부이다. 그러나 이러한 의존이 한도를 넘어 과잉 의존(Over-dependence)으로 발전하면, 이는 반려동물의 정서적 불안정을 초래하는 주요 원인이 된다. 과잉 의존 상태의 반려동물은 보호자 없이는 정서적 안정을 찾지 못하며, 스스로 문제를 해결하거나 독립적으로 활동하는 능력이 현저히 저하된다. 이는 보호자의 과잉보호나 비일관적 양육 태도에 의해 학습되는 경우가 많다.

　한편, 보호자가 반려동물을 돌보며 느끼는 보호 욕구 역시 심리적 구조를 가진다. 보호자는 반려동물에게 애정과 돌봄을 제공함으로써 위안, 기쁨, 자기 가치감 등 자신의 정서적 욕구를 충족시킨다. 이는 매우 자연스럽고 긍정적인 상호작용이지만, 보호자 자신의 심리적 공허감이나 불안을 해소하기 위한 수단으로 반려동물에게 과도하게 집착하게 될 때 문제가 발생한다. 이 경우, 보호자는 반려동물이 자신에게 계속 의존하도록 무의식적으로 조장하며, 이는 상호 과잉 의존 관계(Co-dependency)로 이어질 수 있다. 이러한 관계는 양측 모두의 심리적 독립성을 저해하고, 반려동물의 문제 행동을 고착시키는 악순환을 유발한다. 따라서 건강한 애착 관계를 위해서는 사랑과 보호를 제공하되, 반려동물이 하나의 독립된 개체로서 성장할 수 있도록 적절한 거리와 경계를 유지하는 균형 감각이 매우 중요하다.

4-9

애착 손상과 관계 회복 메커니즘

학대, 유기, 잦은 파양, 보호자의 갑작스러운 사망 등 트라우마적 경험은 반려동물의 애착 체계에 깊은 손상을 남긴다. 애착이 손상된 반려동물은 세상을 예측 불가능하고 위험한 곳으로 인식하게 되며, 특히 인간에 대한 근본적인 신뢰를 잃게 된다. 이로 인해 새로운 보호자를 만나더라도 쉽게 마음을 열지 못하고, 사람의 접근을 극도로 경계하거나, 방어적인 공격성을 보이거나, 혹은 모든 자극에 무기력하게 반응하는 등 복합적인 행동 문제를 나타낼 수 있다. 손상된 애착 관계를 회복하고 새로운 신뢰를 구축하는 과정은 장기적이고 섬세한 접근을 요구한다.

관계 회복을 위해 필요한 핵심 메커니즘은 다음과 같다.

- 신뢰 회복 훈련: 강압적이거나 위협적인 방법을 완전히 배제하고, 오직 긍정 강화(Positive Reinforcement) 원칙에 기반한 훈련을 진행한다. 반려동물이 스스로 선택하고 행동했을 때 간식이나 칭찬과 같은 좋은 결과가 뒤따른다는 경험을 반복적으로 제공하여, 인간과의 상호작용이 즐겁고 안전하다는 인식을 심어주어야 한다.

- 반복적이고 일관된 상호작용: 식사, 산책, 놀이, 휴식 등 일상적인 루틴을 최대한 예측할 수 있게 해주는 것이 중요하다. 일관된 일상은 반려동물에게 세상이 다시 안정적이고 통제할 수 있는 곳이라는 믿음을 주며, 불안감을 감소시키는 데 결정적인 역할을 한다.

- 안전 기지 제공: 보호자는 반려동물이 원할 때 언제든 기댈 수 있는, 그러나 강요하지 않는 안정적인 안전 기지가 되어주어야 한다. 반려동물이 두려움을 느낄 때 다그치거나 억지로 만지기보다, 스스로 다가와 안정을 찾을 때까지 조용히 곁을 지켜주는 인내심이 필요하다.

- 전문가 개입: 손상의 정도가 심각할 경우, 보호자의 노력만으로는 한계가 있을 수 있다. 동물행동학적 지식을 갖춘 반려 심리상담사나 행동치료사, 수의사 등 전문가와 협력하여 체계적인 행동 수정 및 약물 치료 등을 병행하는 것이 효과적이다.

4-10
애착 이론의 응용과 반려 심리상담적 활용

애착 이론은 반려동물과 인간의 관계를 이해하는 이론적 틀을 넘어, 실제 현장에서 다양한 문제 해결과 관계 증진을 위해 구체적으로 응용되고 있다. 반려심리학 분야에서 애착 이론의 상담적 활용은 다음과 같은 영역에서 이루어진다.

- 반려 심리상담 및 평가: 상담사는 보호자와 반려동물의 상호작용을 관찰하고, 보호자의 양육 태도, 성격, 애착 유형 등을 평가한다. 이를 통해 문제 행동의 근본 원인이 불안정 애착에 있는지 진단하고, 보호자의 인식 변화와 행동 수정을 목표로 하는 맞춤형 상담 및 코칭을 제공한다.

- 행동 교정 훈련 프로그램 설계: 특히 분리불안, 공격성, 과잉

의존 등의 문제를 가진 반려동물을 위한 훈련 프로그램을 설계할 때, 처벌이나 강압이 아닌 정서적 안정을 최우선으로 고려한다. '안전 기지'로서의 보호자 역할을 강화하고, 반려동물의 자신감을 키워주는 둔감화 및 역조건 형성 훈련을 체계적으로 적용한다.

- 유기 동물 사회화 및 입양 지원: 보호소의 유기 동물, 특히 트라우마를 경험한 동물들이 새로운 가정에 성공적으로 적응하기 위해 애착 형성은 필수적이다. 애착 이론에 기반한 사회화 프로그램을 통해 봉사자나 임시보호자와 안정적인 초기 애착을 형성하도록 돕고, 이는 입양 성공률을 높이는 데 크게 기여한다.

- 보호자 교육 프로그램: 예비 보호자나 기존 보호자를 대상으로 반려동물의 애착 신호와 정서적 요구를 이해하는 교육을 제공한다. 이를 통해 보호자는 반려동물의 행동을 문제로만 인식하는 대신 그 이면의 심리를 이해하게 되며, 오해에서 비롯되는 갈등을 예방하고 더욱 깊고 바람직한 관계를 형성할 수 있도록 지원한다.

Pet Behavioral Psychology

제5장

보호자 심리와
양육 행동

본 장에서는 반려동물의 행동 문제를 이해하고 해결하는 데 있어 보호자의 심리와 양육 행동이 핵심적인 역할을 한다는 점을 다각도로 조명한다. 기존의 문제 행동 분석이 반려동물의 기질이나 종 특성에 치우쳐 있었다면, 본 장은 보호자의 성격 특성, 정서 상태, 스트레스 요인, 양육 스타일, 애착 유형 등 심리적 요인이 반려동물의 정서적 안정성과 행동 형성에 미치는 영향을 중심으로 서술된다. 특히, 감정 전염과 미러링 효과를 통해 보호자의 내면이 반려동물에게 어떻게 전달되는지를 설명하며, 상호 정서 조절(co-regulation) 메커니즘을 통해 보호자와 반려동물이 하나의 정서 생태계를 구성하고 있음을 강조한다. 또한, 인간–동물 상호작용(HAB)의 심리적 보상 구조를 분석하여 반려동물 양육이 보호자의 정서 회복, 인지적 기능 유지, 사회적 유대 강화에 기여함을 보여준다. 끝으로, 심리적 회복탄력성과 교육·치유 중심의 개입 전략을 제시함으로써 보호자 중심의 접근이 반려동물 문제 행동 개선뿐 아니라 건강한 반려 관계 형성에 핵심적인 열쇠가 될 수 있음을 이론적·실천적으로 통합 제안한다.

5-1

보호자 심리 연구의 필요성과 의의

반려동물의 특정 행동, 특히 문제로 인식되는 행동의 원인을 분석할 때 많은 보호자는 일차적으로 반려동물 고유의 '성향'이나 '기질'을 지목하곤 한다. "원래 겁이 많은 아이예요.", "고집이 세서 그래요."와 같은 설명은 반려동물의 행동을 개체의 내적 특성으로 환원하려는 자연스러운 시도다. 그러나 수많은 임상 사례와 실증 연구는 이러한 관점이 문제의 본질을 간과하게 만들 수 있음을 반복적으로 경고한다. 반려동물, 특히 인간과 수천 년간 사회적 관계를 맺어온 개는 보호자의 심리 상태, 정서적 분위기, 그리고 일관된 양육 방식에 지대한 영향을 받는 존재이기 때문이다.

따라서 보호자의 심리를 이해하는 것은 반려동물 행동학의 부수적인 영역이 아니라, 문제의 근원을 파악하고 해결의 실마리를 찾는 핵심적인 과정이다. 반려동물의 행동은 진공 상태에서 발현되는 것이 아니라, 보호자와의 상호작용이라는 복잡한 맥락 속에서 형성되고 강화된다. 마치 아이가 부모의 양육 환경 속에서 사회성과 정서를 발달시키듯, 반려동물 역시 보호자가 제공하는 정서적, 물리적 환경에 적응하며 자신의 행동 패턴을 구축해 나간다. 이러한 관점에서 보호자 심리 연구는 다음과 같은 중요한 의의를 지닌다.

보호자-반려동물 관계의 정서적 질 평가

보호자의 심리 상태는 관계의 질을 결정하는 가장 중요한 변수다. 보호자가 안정적이고 긍정적인 정서를 유지할 때, 반려동물은 안전 기지를 확보하고 세상을 탐색할 용기를 얻는다. 반면, 보호자의 불안과 스트레스는 관계 전반에 긴장감을 조성하여 반려동물의 방어적, 회피적 행동을 유발할 수 있다. 보호자의 심리를 분석함으로써 우리는 눈에 보이지 않는 관계의 정서적 토대를 객관적으로 평가할 수 있다.

문제 행동의 근본 원인 진단

분리불안, 공격성, 과도한 짖음 등 많은 문제 행동은 반려동물 자체의 문제가 아니라, 보호자의 불안, 양육 방식의 비일관성, 또는 충족되지 못한 환경적 요구에서 비롯되는 경우가 많다. 예를 들어, 보호자의 과잉보호는 반려동물의 의존성을 심화시켜 분리불안을 악화시킬 수 있으며, 일관성 없는 규칙 적용은 반려동물에게 혼란과 스트레스를 주어 예측 불가능한 행동을 일으킬 수 있다. 보호자의 심리와 행동 패턴을 먼저 분석해야만 문제의 진짜 원인을 정확히 진단하고 효과적인 해결책을 설계할 수 있다.

예측 가능한 양육 패턴 설계 및 웰빙 증진

보호자 심리 연구는 궁극적으로 보호자 스스로 자신의 양육 패턴을 성찰하고, 반려동물에게 더 안정적이고 예측할 수 있는 환경을 제공하도록 돕는다. 보호자가 자신의 정서가 반려동물에게 어떤 영향을 미치는지 자각하게 되면, 감정 조절의 필요성을 느끼고 의식적으로 긍정적인 상호작용을 늘리려 노력하게 된다. 이처럼 보호자의 정서적 안정화는 곧 반려동물의 심리적 웰빙으로 직결되는 선순환 구조를 만든다. 결국 반려동물의 행동을 진정으로 변화시키고자 한다면, 때로는 그들의 마음이 아닌, 그들을 사랑하는 보호자의 마음을 먼저 읽고 이해하려는 노력이 선행되어야 한다.

5-2
보호자의 성격 특성과 반려 양육 태도

보호자의 고유한 성격 특성은 반려동물을 대하는 태도와 양육 방식을 결정하는 근본적인 틀로 작용한다. 성격은 개인이 세상을 인식하고 반응하는 일관된 경향성을 의미한다. 이는 반려동물과의 일상적인 상호작용, 훈련 방식의 선택, 문제 상황에 대한 대처 등 양육의 모든 면면에 깊숙이 영향을 미친다. 심리학에서 널리 인정받는 '성격 5 요인 모델(Big Five Personality Traits)'을 통해 보호자의 성격이 양육 태도에 어떻게 반영되는지 구체적으로 살펴볼 수 있다.

주요 성격 요인과 양육 행동의 연관성

- 외향성(Extraversion): 외향성이 높은 보호자는 사교적이고 활동적이며 긍정적인 정서를 자주 경험하는 경향이 있다. 이들은 반려동물과 함께하는 외부 활동(산책, 애견 카페 방문 등)을 즐기며, 다양한 사회적 자극을 적극적으로 제공한다. 이는 활동량이 많은 견종이나 사회성이 높은 반려동물에게 긍정적인 환경이 될 수 있다. 또한, 새로운 사람이나 다른 동물과의 만남을 긍정적으로 유도하여 반려동물의 사회화에 기여할 가능성이 높다.
- 신경성(Neuroticism): 신경성이 높은 보호자는 불안, 우울, 분

노와 같은 부정적 정서를 쉽게 느끼고 스트레스에 취약한 경향을 보인다. 이러한 보호자의 내적 불안과 긴장은 목소리 톤, 급한 몸짓, 일관성 없는 반응 등을 통해 반려동물에게 그대로 전이될 수 있다(감정 전염). 이는 반려동물의 경계심을 높이고, 안정적인 애착 형성을 방해하며, 심할 경우 문제 행동의 직접적인 원인이 되기도 한다.

- 우호성(Agreeableness): 우호성이 높은 보호자는 타인에게 공감적이고 이타적이며, 신뢰를 기반으로 협력적인 관계를 맺는다. 이들은 반려동물의 감정과 요구를 민감하게 파악하고, 인내심을 가지고 긍정 강화 훈련을 적용하는 경향이 있다. 이러한 온정적이고 수용적인 태도는 반려동물과의 안정적인 애착 관계를 형성하는 데 결정적인 역할을 하며, 반려동물은 보호자를 안전하고 신뢰할 수 있는 존재로 인식하게 된다.

- 성실성(Conscientiousness): 성실성이 높은 보호자는 체계적이고 책임감이 강하며, 목표 지향적인 행동을 보인다. 이들은 반려동물의 사료 급여, 산책, 훈련 등을 정해진 규칙과 시간에 따라 일관되게 수행한다. 이렇게 예측할 수 있는 환경은 반려동물에게 심리적 안정감을 제공하며, 특히 규칙 학습이 중요한 시기의 자견(puppy)이나 새로운 환경에 적응해야 하는 반려동물에게 매우 긍정적인 영향을 미친다.

- 개방성(Openness to Experience): 개방성이 높은 보호자는 지적 호기심이 많고 새로운 경험에 대해 열린 태도를 가진다. 이들은 최신 훈련 이론이나 반려동물 행동학 지식을 적극적으로 학습하고, 노즈 워크나 어질리티와 같은 새로운 형태의 놀

이나 활동을 시도하는 데 주저함이 없다. 이러한 태도는 반려동물과의 관계를 더욱 풍요롭게 만들고, 반려동물의 인지적, 신체적 발달을 촉진하는 데 기여한다.

중요한 점은 성격이 불변하는 것이 아니라는 사실이다. 반려동물과 깊은 유대를 통해 보호자는 새로운 책임감을 배우며 성실성이 높아지기도 하고, 반려동물과의 교감을 통해 타인의 감정을 이해하는 능력이 발달하며 우호성이 증진되기도 한다. 또한, 내성적인 보호자가 반려동물과의 산책을 계기로 다른 보호자들과 교류하며 사회성이 확장되는 경우도 흔하다. 이처럼 반려동물과의 관계는 보호자의 성격을 일방적으로 반영할 뿐만 아니라, 상호작용을 통해 보호자의 심리적 성장을 끌어내는 독특한 상호적 심리 현상의 장(場)이 된다.

5-3
보호자의 정서 상태와 스트레스 요인

보호자의 순간적인 감정이나 지속적인 정서 상태는 마치 공기처럼 가정 내 환경을 지배하며, 반려동물의 행동 패턴과 정서적 안정에 직접적이고 즉각적인 영향을 미친다. 반려동물, 특히 개는 인간의 비언어적 신호(표정, 목소리 톤, 몸짓)와 생리적 변화(호르몬 냄새)를 감지하는 데 매우 정교한 능력을 지니고 있다. 따라서 보호자가 경험하는 불안, 우울, 분노, 만성 피로 등의 부정적 심리 상태는 의도치 않게 반려동물에게 전달되어 그들의 행동으로 발현된다.

보호자가 스트레스를 받는 원인은 복합적이다. 이는 반려동물 양육의 질에 직접적인 영향을 미친다. 현대 사회의 보호자들이 직면하는 주요 스트레스 요인은 다음과 같다.

보호자의 주요 스트레스 요인

- 반려동물 양육에 대한 심리적 부담감: 하나의 생명을 온전히 책임져야 한다는 무게감, 특히 반려동물이 아프거나 문제 행동을 보일 때 느끼는 죄책감과 무력감은 큰 스트레스 요인이 된다. '좋은 보호자'가 되어야 한다는 사회적 압박 역시 이러한 부담을 가중한다.
- 문제 행동으로 인한 지속적 피로: 짖음, 공격성, 배변 실수와 같은 문제 행동이 장기간 지속될 경우, 보호자는 정서적, 신체적으로 소진(burnout) 상태에 이를 수 있다. 이는 인내심을 감소시키고, 반려동물에 대한 부정적인 감정을 유발하며, 관계를 악화시키는 악순환으로 이어진다.
- 일·가정·양육의 병행 문제: 바쁜 직장 생활, 자녀 양육, 가사 노동과 함께 반려동물을 돌보는 것은 상당한 시간과 에너지를 요구한다. 충분한 산책 시간이나 놀이 시간을 확보하지 못하는 데서 오는 미안함과 스트레스는 많은 보호자가 공통적으로 겪는 어려움이다.
- 경제적 압박: 사료, 간식, 용품 비용 외에도 예방접종, 정기 검진, 예상치 못한 질병이나 사고로 인한 높은 병원비는 보호자에게 상당한 경제적, 심리적 압박으로 작용한다.
- 사회적 고립 및 이해 부족: 반려동물 문제 행동으로 인해 이웃

과 갈등을 겪거나, 반려동물을 키우지 않는 지인들로부터 양육의 어려움을 이해받지 못할 때 보호자는 사회적 고립감을 느낄 수 있다. 이는 정서적 지지 기반을 약화시켜 스트레스 대처 능력을 저하한다.

이러한 스트레스 요인에 노출된 보호자는 무의식적으로 짧고 날카로운 목소리를 내거나, 거친 손길로 반려동물을 다루거나, 상호작용 자체를 회피하게 될 수 있다. 반려동물은 이러한 보호자의 정서적 긴장과 변화를 민감하게 감지하고, 이를 위협 신호로 해석하여 불안, 방어적 공격성, 위축 등의 행동 변화를 보인다. 예를 들어, 보호자가 초조하게 방 안을 서성이는 것만으로도 반려동물은 원인 모를 불안을 느끼고 낑낑거리거나 하울링을 할 수 있다.

반대로, 보호자가 명상, 취미 활동, 사회적 교류 등을 통해 자신의 스트레스를 성공적으로 관리하고 정서적 안정을 되찾으면, 그 평온함은 반려동물에게도 전달된다. 보호자의 차분한 목소리와 부드러운 손길은 반려동물에게 '세상은 안전하다.'라는 메시지를 주며, 이는 반려동물의 문제 행동을 완화하는 가장 근본적인 해결책이 된다. 이처럼 보호자와 반려동물의 정서 상태는 일방적으로 흐르는 것이 아니라, 서로의 상태에 영향을 주고받으며 끊임없이 순환하는 상호순환 구조(reciprocal cycle)를 이룬다.

5-4

양육 행동 유형과 반려동물 행동 간의 상관성

보호자가 반려동물에게 제공하는 일관된 상호작용 방식, 즉 양육 행동 유형은 반려동물의 사회성, 정서 안정성, 그리고 행동 패턴을 결정짓는 가장 중요한 환경 변수다. 인간의 자녀 양육 연구에서 정립된 양육 태도 유형론은 반려동물과의 관계에도 매우 유효하게 적용될 수 있다. 보호자의 양육 행동을 몇 가지 대표적인 유형으로 분류하고, 각 유형이 반려동물의 행동에 미치는 영향을 분석하면 문제 행동의 원인을 더욱 체계적으로 이해할 수 있다.

주요 양육 행동 유형과 그 영향

1) 과잉보호형(Overprotective Parenting)

이 유형의 보호자는 반려동물을 지나치게 의인화하고 모든 위험으로부터 보호하려는 경향이 강하다. 작은 자극에도 과도하게 반응하며, 반려동물이 스스로 문제를 해결하거나 새로운 환경을 탐색할 기회를 차단한다. 예를 들어, 다른 개와 인사하려는 것을 막거나, 작은 소리에도 즉시 안아 올리는 행동이 이에 해당한다.

- 상관 행동: 이러한 환경에서 자란 반려동물은 사회성 발달이 저해되고, 새로운 자극에 대한 대처 능력이 떨어진다. 보호자에 대한 의존성이 극도로 높아져 분리불안이 심해질 수 있으며, 작은 스트레스에도 쉽게 불안을 느끼고 방어적인 행동을 보일 가능성이 크다. 독립성과 자신감이 저하되는 것이 가장 큰 특징이다.

2) 통제적/권위주의적 양육형(Authoritarian Parenting)

이 유형의 보호자는 복종과 통제를 중시하며, 강압적인 지시나 물리적 처벌을 통해 행동을 교정하려 한다. 반려동물의 의사나 감정보다는 보호자가 정한 규칙을 일방적으로 강요한다. "안돼!", "이리 와!"와 같은 짧고 강한 명령을 남발하거나, 목줄을 세게 당기고, 체벌을 가하는 행동이 대표적이다.

- 상관 행동: 지속적인 처벌과 통제는 반려동물에게 만성적인 공포와 스트레스를 유발한다. 이로 인해 보호자를 신뢰하지 못하고 회피하려는 성향을 보이거나, 특정 상황에서 예측 불가능한 공포 기반 공격성(fear aggression)을 드러낼 수 있다. 또한, 스스로 생각하고 행동하는 것을 포기하는 '학습된 무기력(learned helplessness)' 상태에 빠지기 쉽다.

3) 방임형(Neglectful/Permissive Parenting)

방임형 보호자는 반려동물에게 충분한 관심과 상호작용을 제공하지 않거나, 명확한 규칙과 한계를 설정해 주지 않는다. 일관된 루틴(산책, 식사 시간 등)이 부재하고, 문제 행동을 해도 제지하지 않고 방치하는 경우가 많다. 이는 애정이 부족한 방임뿐만 아니라, 모든 것을 허용하는 '허용적 방임'도 포함한다.

- 상관 행동: 예측할 수 있는 환경과 규칙의 부재는 반려동물에게 혼란과 불안을 일으킨다. 이로 인해 자신의 행동 결과를 예측할 수 없어 충동성이 증가하고, 작은 자극에도 과도하게 반응하는 등 스트레스 반응이 높아질 수 있다. 사회적 규칙을 배우지 못해 다른 동물이나 사람과의 관계에서 어려움을 겪을

가능성이 크다.

4) 균형적/권위 있는 양육형(Authoritative Parenting)

가장 이상적인 유형으로, 명확하고 일관된 규칙을 설정하되, 온정적이고 긍정적인 상호작용을 기반으로 한다. 반려동물의 행동 신호를 민감하게 읽고 존중하며, 긍정 강화(positive reinforcement)를 통해 바람직한 행동을 가르친다. 애정과 훈육의 균형을 맞추는 것이 핵심이다.

- 상관 행동: 이러한 환경에서 자란 반려동물은 보호자와 안정적인 애착을 형성하고, 세상을 탐색하는 데 자신감을 가진다. 예측할 수 있는 규칙 속에서 심리적 안정감을 느끼며, 스트레스 상황에서도 빠르게 회복하는 탄력성을 보인다. 사회성이 뛰어나고, 새로운 것을 배우는 데 긍정적인 태도를 보이는 등 전반적으로 안정적인 행동 패턴을 발달시킨다.

결론적으로, 반려동물의 행동을 정확히 이해하고 긍정적으로 변화시키고 싶다면, 반려동물 자체에만 집중할 것이 아니라 보호자 자신의 양육 행동을 객관적으로 성찰하는 과정이 반드시 선행되어야 한다. 이는 실증적으로 가장 효과적이고 근본적인 접근법이다.

5-5

감정 전염(Emotional Contagion)과 미러링 효과

보호자와 반려동물 사이의 깊은 유대는 단순히 언어적 소통이나 의식적인 상호작용을 넘어, 훨씬 더 원초적이고 자동적인 수준에서 이루어진다. 그 핵심 메커니즘이 바로 '감정 전염(Emotional Contagion)'과 '미러링 효과(Mirroring Effect)'다. 이 두 현상은 보호자의 내면 상태가 어떻게 반려동물에게 직접적으로 전달되고 행동으로 반영되는지를 설명하는 중요한 심리학적 개념이다.

감정 전염: 보이지 않는 감정의 공유

감정 전염은 한 개체의 정서 상태가 주변의 다른 개체에 무의식적으로 전달되어 유사한 정서를 유발하는 현상을 의미한다. 이는 공감 능력의 기초가 되는 신경생리학적 과정으로, 인간뿐만 아니라 사회적 동물에게서 널리 관찰된다. 특히 인간의 감정 변화에 민감하게 진화해 온 개는 이 메커니즘이 매우 강력하게 작동한다.

보호자가 기쁨과 흥분으로 가득 차 있을 때, 반려동물이 덩달아 꼬리를 흔들며 활기차게 뛰어다니는 모습은 단순한 조건화의 결과가 아니다. 보호자의 높은 톤의 목소리, 활기찬 몸짓, 그리고 긍정적 감정과 관련된 페로몬 변화 등을 반려동물이 종합적으로 감지하고, 자기 신경계 역시 활성화되는 것이다. 반대로, 보호자가 슬픔에 잠겨 있거나 불안을 느낄 때, 반려동물이 조용히 곁에 다가와 몸을 기대거나 평소보다 위축된 모습을 보이는 것 역시 감정 전염의 대표적인 예다. 보호자의 낮은 심박수, 차분한 호흡, 혹은 긴장된 근육과 스트레스 호르몬(코르티솔) 냄새를 감지하고, 반려동물의 정서 상태도 그에 동조(synchronize)되는 것이다. 이처럼 감정은 언어라는 매개를 거치지 않고도 빠르고 강력하게 전달된다.

미러링 효과: 행동의 거울

미러링 효과는 감정 전염에서 한 걸음 더 나아가, 상대방의 행동이나 자세, 반응 패턴을 무의식적으로 모방하는 현상을 말한다. 이는 사회적 유대감을 강화하고 상대방의 의도를 파악하려는 본능적인 행동이다. 반려동물, 특히 개는 보호자를 사회적 참조(social referencing)의 대상으로 삼기 때문에 이러한 미러링 효과가 뚜렷하게 나타난다.

예를 들어, 산책 중 낯선 자극(갑자기 나타난 사람, 큰 소리 등)에 대해 보호자가 깜짝 놀라며 몸을 움츠리는 등 과민한 반응을 보인다면, 반려동물은 그 자극을 위험한 것으로 학습하고 다음부터는 먼저 짖거나 경계하는 행동을 보일 가능성이 높다. 즉, 보호자의 반응 패턴을 그대로 모방하여 자신의 행동 지침으로 삼는 것이다.

반대로, 보호자가 새로운 상황이나 자극에 대해 침착하고 차분한 태도를 일관되게 유지한다면, 반려동물은 '이 상황은 위험하지 않다.'라는 메시지를 학습하고 안정적으로 반응하는 법을 배우게 된다. 보호자가 외부 소음에 무관심한 태도를 보이면, 반려동물 역시 소음에 대한 경계심이 점차 줄어드는 것이 대표적인 예다.

결론적으로, 보호자는 반려동물에게 '세상을 해석하는 창'과 같다. 보호자의 감정과 행동은 반려동물에게 그대로 투영되는 거울인 셈이다. 따라서 반려동물의 바람직하지 않은 행동을 교정하고자 할 때, 가장 먼저 점검해야 할 것은 바로 그 행동의 원인이 되었을지 모를 보호자 자신의 감정적 반응과 행동 패턴이다. 동물은 감정을 읽는 능력에 있어 때로 인간보다 훨씬 더 예민하고 정직한 관찰자임을 기억해야 한다.

5-6
보호자-반려동물 간 상호 정서 조절 메커니즘

정서 조절(Emotion Regulation)은 개인이 자신의 감정적 경험과 표현을 관리하고 조절하여 목표를 달성하고 상황에 적응하는 능력을 의미한다. 흥미롭게도 이 과정은 개인 내부에서만 일어나는 것이 아니라, 가까운 사회적 관계 내에서 상호적으로 일어나기도 한다. 보호자와 반려동물의 관계는 이러한 '상호 정서 조절(Co-regulation)'이 매우 역동적으로 일어나는 독특한 구조를 형성한다. 이는 단순한 교감을 넘어 서로의 심리적 안녕에 필수적인 역할을 한다.

보호자와 반려동물은 각자의 방식으로 서로의 정서를 안정시키는 데 기여하며, 이는 하나의 정서적 생태계(emotional ecosystem)를 구축한다. 이 메커니즘은 양방향으로 작동하며, 각자의 기여는 다음과 같이 구체화할 수 있다.

보호자가 반려동물에게 제공하는 정서 조절

- 안전 신호(Safety Cues) 제공: 보호자의 차분한 목소리, 부드러운 손길, 편안한 표정은 반려동물에게 '현재 상황은 안전하다.'

라는 명확한 신호를 보낸다. 낯선 환경이나 스트레스 상황에서 보호자의 존재 자체가 반려동물의 불안을 감소시키는 안전 기지(secure base) 역할을 한다.

- 예측 가능성(Predictability) 부여: 일정한 시간에 제공되는 식사와 산책, 일관된 규칙과 훈련은 반려동물의 일상에 예측 가능성을 부여한다. 이러한 루틴은 세상이 혼란스럽지 않고 통제 가능하다는 인식을 심어주어 근본적인 심리적 안정감을 형성하는 데 결정적이다.

- 물리적 보호와 안락함(Protection and Comfort): 위험으로부터 물리적으로 보호하고, 따뜻하고 안락한 잠자리를 제공하는 행위는 반려동물의 생존 본능을 충족시켜 스트레스 수준을 낮춘다. 이는 정서적 안정을 위한 가장 기본적인 토대가 된다.

반려동물이 보호자에게 제공하는 정서 조절

- 부드러운 접촉을 통한 생리적 안정: 반려동물을 쓰다듬거나 안는 행위는 보호자의 신체에서 '사랑 호르몬' 또는 '유대 호르몬'이라 불리는 옥시토신(Oxytocin)의 분비를 촉진한다. 이는 심박수를 낮추고 혈압을 안정시키며, 스트레스 호르몬인 코르티솔(Cortisol) 수치를 감소시키는 효과가 과학적으로 입증되었다.

- 비언어적 공감과 무조건적 수용: 반려동물은 보호자의 사회적 지위, 외모, 성과를 판단하지 않는다. 보호자가 지치거나 슬플 때, 반려동물은 말없이 곁을 지키며 존재 자체로 위로를 건넨다. 이러한 무조건적인 수용 경험은 보호자의 자존감을 높이고 정서적 고립감을 완화하는 강력한 치유 효과를 가진다.

- 현재에 집중하게 하는 효과(Mindfulness Effect): 반려동물과 의 놀이나 산책에 집중하는 동안 보호자는 과거에 대한 후회 나 미래에 대한 불안에서 벗어나 '지금, 여기'에 머무르게 된다. 이는 마음 챙김(mindfulness) 명상과 유사한 심리적 효과를 제공하여 스트레스 해소에 도움을 준다.

실제 연구에 따르면, 보호자가 부드럽게 반려동물을 쓰다듬는 순간 보호자의 심박 변이도(HRV)가 안정적으로 변화하는 것처럼, 반려동물 역시 보호자의 애정 어린 시선과 손길을 받을 때 스트레스와 관련된 행동 지표(예: 입술 핥기, 하품)가 감소하고 심박수가 안정되는 현상이 동시적으로 관찰된다. 이는 보호자와 반려동물이 서로의 자율신경계를 조율하며 함께 평온을 찾아가는 과정임을 시사한다. 이처럼 반려 관계는 일방적인 돌봄이 아닌, 서로의 감정을 보살피고 조절해 주는 자연 발생적인 심리치료 과정이며, 이것이 바로 반려 관계가 '정서적 생태계'로 기능함을 보여주는 가장 강력한 증거다.

5-7
인간-동물 상호작용(HAB)의 심리적 보상 구조

인간과 동물 간의 유대(Human-Animal Bond, HAB)는 단순히 동물을 좋아하는 감정을 넘어, 인간의 정신적, 신체적 건강에 다각적인 혜택을 제공하는 복합적인 심리적 보상 구조로 되어 있다. 이 유대 관계는 인간이 반려동물을 돌보는 과정에서 발생하는 일방적인 시

혜가 아니라, 양측 모두에게 긍정적인 영향을 미치는 상호적 관계다. 현대 사회에서 반려동물이 단순한 애완동물을 넘어 '가족'의 일원으로, 나아가 중요한 '정서적 자원(emotional resource)'으로 자리매김하는 이유는 바로 이 깊고 다층적인 보상 구조에 기인한다.

인간–동물 상호작용이 제공하는 심리적 보상은 크게 정서적, 인지적, 생리적, 사회적 차원으로 나누어 볼 수 있다.

정서적 보상(Emotional Rewards)

가장 핵심적인 보상으로, 반려동물은 보호자에게 무조건적인 애정과 수용을 제공한다. 이는 보호자의 자존감을 높이고, 사회생활에서 겪는 경쟁과 평가의 스트레스에서 벗어날 수 있는 안전한 피난처가 되어준다. 반려동물의 존재 자체는 만성적인 외로움과 고립감을 현저히 감소시키며, 특히 1인 가구나 노년층에게는 중요한 사회적 지지 기반이 된다. 또한, 반려동물을 돌보는 행위를 통해 타인에게 필요한 존재라는 느낌, 즉 소속감과 유용감을 경험하게 되며 이는 삶의 의미와 만족도를 높이는 데 기여한다.

인지적 보상(Cognitive Rewards)

반려동물을 양육하는 것은 보호자에게 일정한 책임감과 규칙적인 생활 패턴을 요구한다. 매일 정해진 시간에 사료를 주고, 산책을 나가고, 건강을 돌보는 과정은 무기력하거나 혼란스러운 일상에 구조와 목적을 부여한다. 이러한 일정한 루틴은 심리적 안정감을 제공하고, 미래를 계획하고 문제를 해결하는 능력을 유지하도록 돕는다. 특히 우울감이나 불안을 겪는 사람들에게 반려동물 양육은 주의를 외부로 돌리고, 긍정적인 활동에 참여하게 만드는 자연스러운 인지행동 치료(CBT)의 역할을 수행할 수 있다.

생리적 보상(Physiological Rewards)

반려동물과의 긍정적인 상호작용은 인간의 신체에 측정 가능한 생리적 변화를 일으킨다. 여러 연구에 따르면, 반려동물을 쓰다듬거나 눈을 맞추는 것만으로도 스트레스 호르몬인 코르티솔의 수치가 감소하고, 혈압과 심박수가 안정된다. 동시에 사회적 유대와 안정을 촉진하는 호르몬인 옥시토신과 엔도르핀의 분비가 증가한다. 이는 '이완 반응(relaxation response)'을 유도하여 만성 스트레스로 인한 신체적 질병의 위험을 낮추는 효과가 있다. 또한, 개와 함께하는 규칙적인 산책은 보호자의 신체 활동량을 자연스럽게 늘려 심혈관계 건강 증진에 직접적으로 기여한다.

사회적 보상(Social Rewards)

반려동물, 특히 개는 '사회적 윤활유(social lubricant)' 역할을 하여 보호자의 사회적 관계망을 확장하는 매개체가 된다. 산책 중에 다른 보호자들과 자연스럽게 대화를 시작하게 되거나, 애견 동호회나 온라인 커뮤니티 활동을 통해 새로운 인간관계를 형성하는 계기가 된다. 이는 사회적으로 위축되기 쉬운 사람들에게 타인과 상호작용할 수 있는 안전하고 공통된 주제를 제공함으로써 사회적 고립을 예방하는 중요한 역할을 한다.

이처럼 반려동물 양육은 단순한 취미 활동을 넘어, 정서적 안정, 인지적 구조화, 생리적 건강 증진, 사회적 연결망 확장이라는 다층적 보상을 제공하는 복합적인 심리 치유 과정과 매우 유사하다. 이것이 바로 현대 사회의 각박함 속에서 수많은 사람들이 반려동물과의 유대를 통해 위안과 행복을 찾는 근본적인 이유다.

5-8
보호자 애착 수준과 양육 행동의 차이

애착 이론(Attachment Theory)은 본래 영유아가 주 양육자와 형성하는 정서적 유대 관계를 설명하기 위해 개발되었지만, 그 핵심 원리는 성인의 대인관계뿐만 아니라 인간과 반려동물의 관계를 이해하는 데에도 매우 유용하게 적용된다. 보호자가 어린 시절 형성한 내적 작동 모델(internal working model)에 기반한 애착 유형은 반려동물을 대하는 방식, 즉 반려 양육 행동에 깊은 영향을 미치며, 이는 결국 반려동물의 정서적 안정성과 행동 문제 발생률에 직접적인 상관관계를 보인다.

보호자의 애착 스타일은 크게 안정 애착, 불안 애착, 회피 애착으로 구분할 수 있으며, 각 유형은 뚜렷이 구분되는 양육 행동의 차이를 나타낸다.

안정 애착(Secure Attachment) 보호자

안정 애착 유형의 보호자는 자신과 타인에 대해 긍정적인 모델을 가지고 있으며, 정서적으로 안정되어 있다. 이들은 반려동물과의 관계에서도 일관성 있고 예측할 수 있는 행동을 보인다.

- 양육 행동 특징: 명확한 규칙을 설정하고 일관되게 적용하면서

도, 반려동물의 감정과 요구에 민감하게 반응하는 따뜻한 상호 작용을 제공한다. 긍정 강화 훈련 방식을 선호하며, 반려동물의 자율성을 존중하고 탐색 행동을 격려한다. 문제 행동이 발생했을 때 감정적으로 대처하기보다 원인을 분석하고 해결하려는 침착함을 보인다.

- 반려동물에 미치는 영향: 이러한 보호자 밑에서 자란 반려동물은 보호자를 안전 기지로 인식하고 강한 신뢰 관계를 형성한다. 심리적으로 안정되어 있으며, 새로운 환경이나 자극에 대한 적응력이 높고 사회성이 원만하게 발달한다. 문제 행동 발생률이 상대적으로 낮다.

불안 애착(Anxious/Preoccupied Attachment) 보호자

불안 애착 유형의 보호자는 자신에 대한 부정적 모델을 가지며, 관계에서 버림받을 것에 대한 두려움이 크다. 이들은 반려동물과의 관계를 통해 자신의 정서적 공허함을 채우려 하거나 과도하게 집착하는 경향을 보인다.

- 양육 행동 특징: 반려동물의 행동 하나하나에 과도하게 개입하고 걱정하는 과잉보호 성향을 보인다. 반려동물이 잠시라도 혼자 있는 것을 견디지 못하며, 자신의 불안을 투사하여 반려동물의 모든 행동을 부정적으로 해석하기도 한다. 양육 방식이 감정 기복에 따라 비일관적으로 변하기 쉽다.

- 반려동물에 미치는 영향: 보호자의 불안이 그대로 전염되어 반려동물 역시 만성적인 불안 상태에 놓일 수 있다. 보호자에 대한 의존성이 병적으로 높아져 심각한 분리불안을 겪을 가능성이 크다. 보호자의 비일관적인 반응 때문에 혼란을 느끼고,

사소한 자극에도 과민하게 반응하는 행동 문제를 보이기 쉽다.

회피 애착(Avoidant/Dismissive Attachment) 보호자

회피 애착 유형의 보호자는 타인에 대한 부정적 모델을 가지며, 정서적 친밀감 자체를 불편해하고 독립성을 지나치게 강조한다. 이들은 반려동물과의 정서적 교감보다는 기능적인 측면(산책, 식사 제공 등)에만 집중하는 경향이 있다.

- 양육 행동 특징: 반려동물과의 스킨십이나 정서적 상호작용이 현저히 적다. 반려동물이 보내는 미세한 행동 신호(카밍 시그널 등)를 민감하게 읽어내지 못하고 무시하는 경우가 많다. 훈련 시에도 감정적 교감보다는 기계적인 복종을 요구할 수 있다.

- 반려동물에 미치는 영향: 보호자로부터 충분한 정서적 지지를 받지 못해 애착 관계가 불안정하게 형성된다. 보호자의 반응을 예측하기 어려워 위축되거나, 반대로 관심을 끌기 위한 과격한 행동(짖음, 물건 파괴 등)을 보일 수 있다. 사회적 상호작용 기술을 제대로 배우지 못해 다른 동물이나 사람과의 관계에서 어려움을 겪을 수 있다.

이처럼 보호자의 애착 수준은 반려 양육의 질을 결정하는 근본적인 변수다. 따라서 반려동물 행동 상담이나 교육 프로그램에서 문제의 근원을 파악하기 위해 보호자의 애착 유형을 평가하고, 필요한 경우 불안정 애착을 완화하기 위한 심리적 개입을 병행하는 것은 매우 중요하며 효과적인 접근법이라 할 수 있다.

5-9

보호자의 심리적 회복탄력성과 반려 관계 유지

반려동물과 함께하는 삶은 수많은 기쁨과 보상을 주지만, 동시에 예상치 못한 어려움과 스트레스가 수반되는 긴 여정이다. 반려동물의 갑작스러운 질병, 노화 과정, 문제 행동의 발생, 그리고 경제적 부담 등은 보호자에게 상당한 심리적 압박을 가한다. 이러한 역경에 직면했을 때, 관계를 건강하게 유지하고 위기를 극복해 나가는 능력의 핵심에는 바로 보호자의 '심리적 회복탄력성(Psychological Resilience)'이 자리 잡고 있다.

회복탄력성이란 스트레스나 역경에 효과적으로 대처하고, 심리적 충격으로부터 빠르게 균형을 회복하며, 더 나아가 그 경험을 통해 성장하는 능력을 의미한다. 이는 반려 관계의 질과 지속 가능성을 결정짓는 매우 중요한 심리적 자원이다.

회복탄력성이 높은 보호자의 특징

회복탄력성이 높은 보호자는 반려 생활에서 발생하는 어려움을 성장의 기회로 인식하는 경향이 있다. 이들은 다음과 같은 특징을 보인다.

- 감정 조절 능력: 반려동물의 문제 행동(예: 공격성, 배변 실수)에 직면했을 때, 순간적인 분노나 좌절감에 휩쓸리지 않는다. 자신의 감정을 객관적으로 인식하고, 이것이 반려동물에게 미칠 영향을 고려하여 충동적인 반응을 자제한다.
- 긍정적 관점 유지: 어려운 상황 속에서도 관계의 긍정적인 측

면을 잊지 않는다. 문제 행동이라는 '점'에 매몰되지 않고, 반려동물과 함께했던 행복한 시간과 유대감이라는 '면'을 함께 보며 장기적인 관점에서 관계를 조망한다.

- 적극적인 문제 해결: 문제를 회피하거나 운명으로 받아들이기보다, 원인을 파악하고 해결책을 찾기 위해 적극적으로 노력한다. 전문가(수의사, 훈련사)의 도움을 구하거나, 관련 서적 및 자료를 학습하는 등 능동적인 대처 전략을 사용한다.
- 강력한 사회적 지지망: 어려움을 혼자 짊어지지 않고, 가족, 친구, 또는 다른 반려인 커뮤니티와 소통하며 정서적 지지와 정보를 구한다. 이는 심리적 소진을 예방하고 문제 해결에 필요한 에너지를 얻는 데 도움이 된다.

회복탄력성이 낮은 보호자의 특징

반면, 회복탄력성이 낮은 보호자는 스트레스 상황에서 쉽게 압도당하고 부정적인 결과로 이어질 가능성이 높다.

- 과도한 감정 반응: 작은 문제에도 쉽게 절망하거나 과도한 죄책감을 느끼며, 이러한 부정적 감정이 반려동물에게 그대로 전달되어 관계를 악화시킨다.
- 단기적이고 극단적인 해결책 모색: 문제의 근본적인 해결을 위한 장기적인 노력을 기울이기보다, 단기간에 상황을 끝내고 싶어 하는 경향이 있다. 이는 심할 경우 파양이나 안락사와 같은 극단적인 선택으로 이어질 위험을 내포한다.
- 사회적 고립: 문제를 부끄럽게 여기거나 타인의 비난을 두려워하여 주변에 도움을 요청하지 않고 고립된다. 이는 스트레스를

가중시키고 상황을 더욱 비관적으로 보게 만든다.

결론적으로, 건강하고 지속 가능한 반려 관계를 유지하는 핵심은 반려동물의 행동이나 건강 상태 그 자체라기보다는, 그 모든 과정을 감당하고 이끄는 보호자의 정서적 건강과 회복탄력성에 달려있다. 따라서 보호자 교육 프로그램은 단순히 양육 기술을 가르치는 것을 넘어, 스트레스 관리 기법, 긍정적 사고 훈련, 사회적 지지망 구축 등 보호자 자신의 회복탄력성을 강화하는 방향으로 확장될 필요가 있다. 보호자의 마음이 단단해질 때, 비로소 흔들리는 반려 관계도 안정을 되찾을 수 있다.

5-10
보호자 교육과 심리 치유의 실천적 방향

지금까지 논의한 바와 같이, 반려동물의 행동 문제는 상당 부분 보호자의 심리 상태 및 양육 방식과 깊이 연관되어 있다. 따라서 반려동물 행동 교정과 상담의 궁극적인 목표는 단순히 특정 행동을 소거하는 기술적 접근을 넘어, 보호자의 인식, 태도, 그리고 정서적 패턴을 긍정적으로 변화시켜 '관계의 질' 자체를 개선하는 데 두어야 한다. 이를 위한 실천적 방향은 크게 '보호자 교육'과 '심리 치유'라는 두 가지 축으로 구성될 수 있다.

보호자 교육의 핵심 방향

효과적인 보호자 교육은 정보 전달을 넘어, 보호자 자신을 스스로 성찰하고 행동 변화를 끌어내는 데 초점을 맞추어야 한다.

- 정서적 자기 인식(Self-Awareness) 훈련: 자신의 감정 상태 (불안, 분노, 피로 등)가 반려동물에게 어떻게 전달되고 영향을 미치는지 인식하도록 돕는다. 감정 일기 작성, 명상 등을 통해 자신의 감정을 객관적으로 바라보는 연습을 포함한다.

- 양육 행동 패턴 분석: 자신의 양육 방식이 과잉보호형, 통제형, 방임형 중 어디에 가까운지 객관적으로 평가하고, 그 방식이 반려동물에게 어떤 결과를 낳았는지 연결하여 이해하도록 돕는다. 영상 촬영을 통한 자기 행동 관찰이 효과적일 수 있다.

- 일관성 및 예측 가능성 강화: 명확한 규칙을 설정하고 가족 구성원 모두가 일관되게 적용하는 것의 중요성을 교육한다. 예측할 수 있는 루틴이 반려동물에게 주는 심리적 안정감의 원리를 설명하고, 구체적인 생활 계획표 작성을 돕는다.

- 문제 행동의 원리 이해: 반려동물의 문제 행동을 '나쁜 버릇'이나 '고의'로 해석하는 대신, 그 이면에 숨겨진 불안, 공포, 스트레스, 또는 충족되지 않은 요구가 있음을 이해시킨다. 행동주의 심리학의 기본 원리(긍정 강화, 처벌의 부작용 등)를 쉽게 설명한다.

- 정서 조절 기술 습득: 스트레스 상황에서 즉각적으로 반응하지 않고, 심호흡이나 잠시 자리를 피하는 등 자신의 감정을 조절하는 구체적인 기술을 교육한다.

심리 치유적 접근의 강조점

교육만으로 해결하기 어려운 깊은 심리적 문제에 대해서는 치유적 접근이 병행되어야 한다.

- 불안 감소와 자기효능감 향상: 반려동물 양육 과정에서 느끼는 만성적인 불안을 다루고, 작은 성공 경험(예: 간단한 훈련 성공)을 통해 '나도 할 수 있다.'라는 자기효능감을 점진적으로 높여준다.
- 애착 회복을 위한 상호작용 훈련: 특히 불안 애착이나 회피 애착 성향의 보호자를 대상으로, 반려동물과 긍정적인 유대를 재형성할 수 있는 구체적인 상호작용(예: T-touch 마사지, 차분한 교감 놀이)을 훈련한다.
- 과도한 죄책감 완화: 문제 행동의 원인이 자신에게 있다는 생각에 사로잡힌 보호자의 죄책감을 완화하고, 과거가 아닌 현재와 미래의 관계 개선에 집중할 수 있도록 지지한다.
- 반려 상실(Pet Loss) 대비 정서적 준비: 반려동물과의 이별은 피할 수 없는 과정임을 인식시키고, '펫로스 증후군'에 대한 이해를 높여 미리 정서적으로 준비할 수 있도록 돕는다. 이는 현재의 관계를 더욱 소중히 여기게 하는 효과도 있다.

결론적으로, 성공적인 반려동물 행동 교정은 '반려동물을 바꾸는 과정'이 아니라 '보호자와 반려동물이 함께 성장하며 관계를 재정립하는 과정'이다. 보호자의 마음을 이해하고 지지하는 심리적 개입이 동반될 때, 비로소 기술적인 훈련법들은 진정한 힘을 발휘할 수 있다. 이는 반려동물 전문가가 단순한 기술자를 넘어, 관계를 조율하는 상담가이자 치유 조력자의 역할을 수행해야 함을 시사한다.

Pet Behavioral Psychology

제6장

사회심리적 관점에서
본 반려 문화

　　본 장은 반려동물 문화를 단순한 개인 취향의 영역을 넘어, 사회적·심리적 현상으로 조망하는 사회심리학적 분석을 제시한다. 급속한 도시화, 가족 구조의 변화, 1인 가구의 증가 등 현대 사회의 구조적 변화 속에서 반려동물은 정서적 지지, 정체성 표현, 사회적 관계 대체 등의 역할을 수행하며, 보호자와의 상호작용은 개인의 심리와 사회적 맥락 속에서 해석되어야 한다. 반려동물은 더 이상 단순한 동물이 아닌 '상징적 기호'(Signifier)로 기능하며, 보호자의 문화 자본, 계급, 라이프 스타일을 나타내는 사회적 표현물로 자리 잡고 있다. 특히 SNS를 중심으로 한 '보여주기식' 문화는 반려 생활의 이상적 이미지를 규범화하고, 계층적 비교와 소비 중심 프레임을 강화하고 있다.

　　한편, 반려동물은 1인 가구와 노년층, 청소년에게 각각 다른 방식으로 정서적 피난처, 심리적 안전망, 공감 훈련자로 작용하며, 이들의 삶의 질 향상에 기여한다. 이러한 역할은 인간관계의 피로, 정체성 위기, 사회적 고립이라는 현대인의 문제를 완화하는 데 결정적인 영향을 미친다.

그러나 이러한 문화적 진화는 윤리적 과제 또한 동반한다. 상업화된 소비문화, 과잉 의존과 파양 문제, 법적 지위의 불명확성 등은 반려 문화의 지속 가능성과 윤리적 성숙을 가로막는 구조적 문제로 지적된다.

본 장은 반려동물 문화를 단순한 '개인-동물' 관계를 넘어, 현대 사회의 불안, 욕망, 계층성, 관계 피로가 투영된 사회-심리적 거울로 분석하며, 성숙한 반려 문화를 위한 비판적 성찰과 제도적 대안의 필요성을 제기한다.

6-1
반려 문화 연구의 사회심리학적 접근

현대 사회에서 반려동물 문화의 확산은 더 이상 개인의 취향이나 선택의 문제로 국한되지 않는다. 이는 사회 구조의 거시적 변화, 개인의 정서적 욕구 진화, 미디어의 강력한 영향력, 그리고 전통적 인간관계의 재구성이 복합적으로 얽힌 사회적 현상이다. 사회심리학은 이러한 복잡한 현상의 기저에 있는 인간의 심리와 사회적 동학을 탐구하는 데 유용한 분석 틀을 제공한다. 개인의 행동이 사회적 맥락 속에서 어떻게 형성되고 발현되는지를 규명함으로써, 반려 문화의 심층적 의미를 이해할 수 있게 돕는다(Allport, 1985).

사회심리학적 접근은 반려 문화 현상을 둘러싼 근본적인 질문들을 제기한다. 첫째, 왜 특정 사회, 특히 고도로 산업화되고 도시화된 사회에서 반려동물 양육이 급증하는가? 이는 단순히 경제적 여유의 증가만으로는 설명되지 않는 현상으로, 사회적 고립감, 익명성, 경쟁 심화와 같은 도시 생활의 심리적 부작용과 관련이 깊다. 둘째, 왜 반려동물은 단순한 동물을 넘어 '가족 구성원'으로 인식되는가? 이는 가족의 정의와 기능이 변화하는 사회적 흐름 속에서 반려동물이 정서적 유대와 돌봄의 욕구를 충족시키는 대체적 역할을 수행하기 때문이다. 셋째, 반려동물이 개인의 사회적 정체성과 계급을 드러내는 상징적 기호(Signifier)가 되는 이유는 무엇인가? 이는 소비 사회에서 개인이 자신의 정체성을 표현하는 방식과 밀접하게 연관된다.

이러한 질문들에 답하기 위해 사회심리학은 태도 형성 이론, 사회적 정체성 이론, 집단 역학, 귀인 이론 등 다양한 이론적 도구를 활용한다. 예를 들어, 반려동물에 대한 긍정적 태도는 미디어에 의한 반복적 노출과 사회적 학습을 통해 강화될 수 있으며, 특정 반려동물 커뮤니티에 소속됨으로써 개인은 집단적 정체성과 소속감을 얻는다.

결론적으로, 사회심리학적 접근은 반려 문화를 개별 가정의 사적인 현상으로만 보지 않고, 그 안에 사회 구성원들의 집단적 불안, 욕망, 가치관이 투영된 거시적 '사회-심리 현상(Socio-psychological Phenomenon)'으로 분석하는 통합적 시각을 제공한다. 이를 통해 우리는 반려 문화의 표면적 유행을 넘어, 현대인의 삶과 사회의 변화를 읽어내는 중요한 실마리를 발견할 수 있다(박서현, 2022).

반려동물의 사회적 상징성과 정체성

현대 사회에서 반려동물은 단순한 동반자를 넘어, 개인의 정체성을 구성하고 외부에 표출하는 강력한 상징적 기호로 기능한다. 사회학자 어빙 고프만(Goffman, 1959)이 제시한 '자아 표현(Impression Management)' 개념에 따르면, 개인은 타인에게 특정한 인상을 주기 위해 자신의 외모, 언어, 소유물 등을 전략적으로 관리한다. 이러한 관점에서 반려동물은 보호자의 '사회적 페르소나(Social Persona)'를 형성하는 중요한 무대 소품이 된다. 특히 소셜 미디어(SNS)의 일상화는 이러한 경향을 더욱 가속화하고 있다.

반려동물이 보호자의 정체성을 구성하는 방식은 다층적으로 나타난다.

- 취향의 표지(Marker of Taste): 어떤 품종의 동물을 선택하고, 어떤 방식으로 양육하는지는 개인의 문화적 취향과 가치관을 드러낸다. 예를 들어, 활동적인 보더콜리를 키우며 어질리티(agility) 훈련에 참여하는 것은 역동적이고 전문적인 취향을, 잡종견을 입양하여 긍정 강화 훈련을 하는 것은 생명 존중과 윤리적 가치를 중시하는 태도를 보여준다. 이는 부르디외(Bourdieu, 1984)가 말한 '문화 자본'의 한 형태로, 특정 양육 스타일이 사회 내에서 구별 짓기의 기제로 작동함을 시사한다.
- 라이프 스타일의 상징(Symbol of Lifestyle): 반려동물은 보호자가 지향하는 삶의 방식을 은유적으로 표현한다. 세련된 도시 아파트에서 소형견을 키우는 모습은 모던하고 도시적인 라

이프 스타일을, 넓은 마당이 있는 전원주택에서 대형견과 함께 하는 모습은 자연친화적이고 여유로운 삶을 상징한다. 이처럼 반려동물은 개인의 주거 환경, 여가 활동, 소비 패턴과 결합하여 총체적인 라이프 스타일의 일부로 전시된다.

- 사회적 위치의 간접적 표현(Indirect Expression of Social Position): 반려동물과 관련된 선택은 보호자의 사회적, 윤리적 입장을 드러내는 '정체성 정치(Identity Politics)'로 작용하기도 한다. 유기 동물을 입양하고 관련 단체를 후원하는 행위는 사회적 책임감을 강조하는 정체성을, 고가의 순종견을 분양받고 프리미엄 펫 케어 서비스를 이용하는 것은 경제적 능력과 특정 계층에의 소속감을 암시할 수 있다.

이처럼 반려동물은 더 이상 사적인 영역의 애착 대상에 머무르지 않는다. 그것은 보호자의 자아를 확장하고, 사회적 메시지를 전달하며, 타인과의 관계 속에서 자신의 위치를 설정하는 복합적인 의미를 담는 상징적 매개체로 진화하고 있다.

6-3
사회적 비교와 반려동물의 계급적 의미

인간은 자신의 능력이나 의견, 사회적 위치를 평가하기 위해 타인과 자신을 비교하려는 본질적인 동기를 가진다. 사회심리학자 레온 페스팅어(Festinger, 1954)가 정립한 '사회 비교 이론(Social

Comparison Theory)'은 이러한 인간 심리를 설명하는 핵심적인 틀이다. 현대 반려 문화는 이러한 사회적 비교가 첨예하게 발현되는 중요한 장(場)이 되고 있다. 반려동물 자체가 아니라, 반려동물을 양육하는 방식과 그에 수반되는 소비 행태가 비교의 대상이 되면서 미묘한 계급적 의미를 생성한다.

반려 문화 속 사회적 비교는 다음과 같은 형태로 구체화한다.

- 고가의 품종 선호와 혈통주의: 특정 품종, 특히 희소성이 높거나 특정 외모 기준을 충족하는 개체에 대한 선호는 때로 계급적 신호로 작동한다. 수백만 원을 호가하는 분양가, 저명한 켄넬의 혈통 증명서는 단순한 취향을 넘어 소유자의 경제적 자본과 사회적 지위를 과시하는 수단이 될 수 있다. 이는 반려동물이 '상징적 소비'의 대상이 되었음을 보여준다(Veblen, 1899).

- 명품 의류와 고급 서비스를 통한 소비적 차별화: 반려동물을 위한 명품 브랜드 의류, 5성급 호텔에 버금가는 펫 호텔, 유기농 수제 간식, 전문 영양사가 설계한 프리미엄 사료, 1:1 방문 훈련사 등은 반려동물의 복지를 위한 선택이기도 하지만, 동시에 보호자의 소비 능력을 가시적으로 드러내는 상징이 된다. 이러한 소비는 타인과의 차별성을 확보하고 특정 라이프 스타일 그룹에 속해 있음을 증명하는 기제로 활용된다.

- SNS를 기반으로 한 '보여주기식' 경쟁: 인스타그램, 유튜브 등 시각 중심의 소셜 미디어는 사회적 비교를 극대화하는 촉매제다. 잘 꾸며진 공간에서 완벽하게 미용한 반려동물의 모습, 이국적인 장소로의 동반 여행 사진, 고가의 장난감과 용품들은 끊임없이 타인의 양육 환경과 자신의 것을 비교하게 만든다.

이 과정에서 '좋아요'와 팔로워 수는 사회적 인정의 척도로 작용하며, '보이는 경쟁'을 심화시키고 보호자에게 심리적 압박과 불안감을 유발하기도 한다(김지혜, 2023).

이러한 현상은 반려동물이 현대 사회에서 중요한 '문화적 기호(Cultural Signifier)'로서 사회 계층적 의미를 부여받고 있음을 명확히 보여준다. 그러나 이러한 비교 문화는 반려동물을 생명체 그 자체로 존중하기보다, 인간의 사회적 욕망을 투사하는 대상으로 전락시킬 위험을 내포하고 있어 비판적 성찰이 요구된다.

6-4
가족 구조 변화와 반려의 대체적 기능

지난 수십 년간 한국 사회는 저출산, 비혼 및 만혼의 증가, 1인 가구의 보편화, 그리고 전통적 가부장제 가족 구조의 해체라는 급격한 변화를 겪어왔다. 이러한 거시적인 인구 사회학적 변동은 가족의 형태와 기능에 대한 기존의 관념을 근본적으로 바꾸어 놓았다. 이 과정에서 반려동물은 변화하는 가족 구조의 빈자리를 채우고 새로운 정서적 필요를 충족시키는 중요한 존재로 부상하며, 그 가족 내 지위가 자연스럽게 격상되었다.

반려동물이 현대 가족 내에서 수행하는 대체적 기능은 다음과 같이 분석할 수 있다.

- 대체적 양육(Surrogate Parenting): 자녀를 낳지 않거나 가질

수 없는 부부 및 개인에게 반려동물은 양육의 경험을 제공하는 대체적 대상이 된다. 반려동물에게 '엄마', '아빠'라고 자칭하며 이유식을 만들듯 특별식을 제공하고, 유모차에 태워 산책하며, 성장 과정을 꼼꼼히 기록하는 행위는 인간 자녀를 양육하는 모습과 매우 유사하다. 이는 돌봄과 양육을 통해 정체성을 확인하고 삶의 의미를 찾으려는 인간의 본능적 욕구가 반려동물을 통해 발현되는 현상으로 볼 수 있다(Archer, 1997).

- 정서적 결속과 안정감 제공: 복잡하고 때로는 갈등적인 인간관계와 달리, 반려동물과의 관계는 비교적 단순하고 예측이 쉽다. 반려동물은 보호자에게 무조건적인 애정과 수용을 보여주며, 이는 개인이 기존 가족 관계나 사회생활에서 경험하는 정서적 결핍과 불안감을 보상해 준다. 존 보울비(Bowlby, 1969)의 애착 이론에 따르면, 반려동물은 보호자에게 '안전 기지(Secure Base)' 역할을 하며 심리적 안정과 친밀감을 제공하는 중요한 애착 대상이 될 수 있다.

- 관계적 피로의 완충 장치: 현대 사회의 인간관계는 높은 수준의 감정 노동과 자기 검열을 요구하며, 이는 '관계 피로(Relationship Fatigue)'로 이어진다. 반려동물은 언어적 소통에 기반한 복잡한 상호작용 없이도 깊은 교감이 가능한 존재다. 판단이나 비판 없이 곁을 지켜주는 반려동물의 존재는 사회적 관계에서 오는 스트레스와 피로를 완화하는 중요한 완충 역할을 한다.

결론적으로, 반려동물은 더 이상 가족의 주변적 존재가 아니다. 현대 가족의 구조적 공백을 메우고, 파편화된 개인의 정서적 욕구를 충족시키며, 관계의 안정성을 제공하는 핵심적인 '정서적·사회적 기능적 존재'로 확고히 자리 잡고 있다. 이는 반려 문화가 현대 가족의 변화를 비추는 거울임을 시사한다.

6-5
1인 가구의 반려 심리와 정서적 의존

한국 사회에서 반려동물 양육 가구가 폭발적으로 증가한 배경에는 1인 가구의 급증이라는 인구 구조적 변화가 결정적인 요인으로 작용한다. 통계청에 따르면 1인 가구는 이미 한국의 가장 주된 가구 형태로 자리 잡았으며, 이들은 다인 가구와는 다른 독특한 심리적, 정서적 요구를 지닌다. 반려동물은 이러한 1인 가구의 삶에 깊숙이 파고들어 다양한 심리적 기능을 수행하며, 때로는 필수적인 존재로 여겨진다.

1인 가구가 반려동물을 통해 충족하는 핵심적인 심리적 요구는 다음과 같다.

- 정서적 연대감과 외로움 완화: 1인 가구가 겪는 가장 큰 어려움 중 하나는 만성적인 외로움과 사회적 고립감이다. 반려동물은 살아있는 생명체로서의 존재감만으로도 집 안의 정적을 깨고 활기를 불어넣는다. 퇴근 후 반갑게 맞이해주는 반려동물과의 상호작용은 타인의 부재를 완충하고, 깊은 정서적 연대감과 친밀감을 제공하여 고독감을 효과적으로 해소하는 '사회

적 대리인(Social Surrogate)' 역할을 한다(이수진, 2021).

- 일상의 리듬과 구조 형성: 혼자 사는 삶은 자칫 불규칙하고 무기력해지기 쉽다. 반려동물은 규칙적인 식사 시간, 정해진 산책 시간, 놀이 및 돌봄 활동을 통해 보호자의 일상에 건강한 리듬과 구조를 부여한다. 이러한 돌봄 루틴은 보호자에게 목적의식과 책임감을 심어주며, 생활의 안정성을 되찾게 하는 중요한 동기가 된다.
- 존재 확인감과 자기 가치감 증진: 타인의 시선이나 평가로부터 자유로운 1인 가구의 삶은 역설적으로 자신의 존재 의미를 확인하기 어려울 수 있다. 반려동물은 보호자의 돌봄에 전적으로 의존한다. 이러한 관계 속에서 보호자는 자신이 '누군가에게 절대적으로 필요하고 중요한 존재'라는 강한 효능감과 자기 가치감을 느끼게 된다. 이는 자존감을 높이는 데 긍정적인 영향을 미친다.

그러나 1인 가구의 반려동물에 대한 깊은 애착은 정서적 의존의 심화라는 양면성을 지닌다. 보호자의 외로움이 반려동물에게 과도하게 투사될 경우, 반려동물의 작은 행동 변화에도 극도로 불안해하는 '분리불안'이 보호자에게 나타나거나, 반려동물을 지나치게 의인화하여 사회성을 저해하는 '과잉보호'로 이어질 수 있다. 심한 경우, 보호자와 반려동물이 서로의 불안을 증폭시키는 '역의존적 상호작용'이 발생할 위험도 존재한다. 따라서 반려동물을 독립된 개체로 존중하며 건강한 거리를 유지하는 균형 있는 정서적 관계를 형성하는 것이 매우 중요하다.

노년층의 반려 심리와 사회적 지지망 역할

빠르게 진행되는 고령화 사회에서 노년층의 정신건강과 사회적 고립 문제는 중요한 사회적 과제로 부상하고 있다. 이러한 맥락에서 반려동물은 노년층의 삶의 질을 향상하고 심리적 안녕을 지탱하는 매우 효과적인 사회적 지지체계(Social Support System)로 주목받고 있다. 은퇴, 배우자와의 사별, 신체 기능 저하 등 다양한 상실을 경험하는 노년기에 반려동물은 단순한 동물을 넘어 삶의 활력소이자 중요한 동반자가 된다.

노년층의 반려 활동이 제공하는 심리적, 사회적 이점은 명확하다.

- 정서적 안정과 우울감 감소: 노년기는 상실의 경험이 집중되는 시기로, 이로 인한 슬픔, 외로움, 우울감을 겪기 쉽다. 반려동물과의 신체적 접촉(쓰다듬기, 안기 등)은 옥시토신 분비를 촉진하여 스트레스를 완화하고 정서적 안정을 가져다준다. 반려동물의 변함없는 애정은 사별 등으로 인한 공허감을 채워주며, 상실 후 회복 과정에서 강력한 심리적 위로를 제공한다(Friedmann & Son, 2009).

- 사회적 연결망 확장 및 고립 방지: 반려동물, 특히 반려견과의 산책은 자연스럽게 이웃 및 다른 반려인들과의 교류 기회를 만들어낸다. '반려동물'이라는 공통의 관심사는 세대를 초월한 대화의 물꼬를 트는 역할을 하며, 이는 노년층의 사회적 고립을 줄이고 새로운 사회적 관계망을 형성하는 데 기여한다. 반려동물 관련 커뮤니티 활동은 소속감을 부여하고 사회적 접촉

빈도를 높이는 긍정적 효과를 낳는다.

- 신체적 및 인지적 활성화: 반려동물을 돌보는 활동은 노년층의 일상에 규칙성과 신체 활동을 부여한다. 규칙적인 산책은 근력과 심폐 기능을 유지하는 데 도움이 되며, 먹이를 주고 위생을 관리하는 등의 돌봄 활동은 계획 수립, 기억력, 문제 해결 능력 등 다양한 인지 기능의 유지를 촉진하는 긍정적 자극이 된다.

그러나 노년층의 반려동물 양육에는 현실적인 어려움 또한 존재한다. 제한된 소득으로 인한 양육 비용(사료, 병원비 등)의 부담, 노령 보호자의 기력 쇠퇴나 건강 악화로 인한 돌봄의 한계, 그리고 자신보다 먼저 세상을 떠난 반려동물의 사별(Pet Loss) 시 겪게 되는 극심한 심리적 충격 등은 반드시 고려되어야 할 문제다. 따라서 노년층을 위한 반려 복지 정책은 단순히 동물 입양을 장려하는 차원을 넘어, 의료비 지원, 돌봄 도우미 파견, 펫로스 증후군 상담 지원 등 사회적 돌봄 체계의 일부로서 통합적으로 설계되고 접근될 필요가 있다.

6-7
청소년 세대의 반려 경험과 공감 발달

정체성 확립과 사회성 발달의 결정적 시기인 청소년기에 반려동물과의 상호작용은 매우 의미 있는 교육적, 정서적 가치를 지닌다. 디지털 기기를 통한 간접적 소통에 익숙한 현대 청소년들에게 살아있는 생명체와의 직접적인 교감은 타인의 감정을 이해하고 관계를 맺는 방식을 배우는 중요한 학습의 장이 된다. 청소년은 반려동물과의 관계를 통해 교과서에서는 배울 수 없는 공감 능력, 책임감, 그리고 정서 조절 능력을 자연스럽게 체득할 수 있다.

청소년의 반려 경험이 정서 발달에 미치는 긍정적 영향은 다음과 같다.

- 돌봄을 통한 책임감 및 자기조절 능력 강화: 반려동물의 생존은 전적으로 보호자의 돌봄에 달려있다. 청소년이 직접 반려동물의 배변을 치우고, 정해진 시간에 먹이를 주며, 규칙적으로 산책시키는 등의 활동에 참여하는 것은 단순한 노동이 아니다. 이 과정에서 청소년은 자신의 시간과 노력을 들여 타자를 돌보는 경험을 통해 책임감의 무게를 배우고, 귀찮음을 극복하며 과업을 완수하는 자기조절 능력을 강화하게 된다(Melson, 2003).

- 비언어적 소통을 통한 공감 및 타자 감수성 발달: 말 못하는 반려동물은 자신의 상태와 욕구를 몸짓, 소리, 표정 등 비언어적 신호로 표현한다. 청소년은 반려동물이 아픈지, 배고픈지, 혹은 불안한지를 파악하기 위해 그들의 신호에 집중하고 그 의미를 해석하려 노력해야 한다. 이 과정은 자신의 관점에서 벗어나 타자의 관점에서 생각하고 감정을 읽어내는 공감 능력과 타자 감수성(Sensitivity to Others)을 기르는 훌륭한 훈련이 된다.

- 안전한 관계 속에서의 사회적 기술 연습: 청소년기의 또래 관계는 거절에 대한 두려움, 경쟁, 오해 등으로 인해 복잡하고 상처받기 쉽다. 반면, 반려동물과의 관계는 비교적 안전하고

비판적이지 않다. 청소년은 반려동물에게 자신의 속마음을 털어놓고 다양한 상호작용을 시도하면서, 거절의 두려움 없이 관계 맺기 기술을 연습할 수 있는 '심리적 안전지대'를 확보하게 된다. 이는 대인관계에 대한 자신감을 높이는 기반이 될 수 있다.

물론, 모든 책임을 청소년에게만 지우거나 알레르기 등의 현실적 문제를 간과해서는 안 된다. 그러나 부모의 적절한 지도로 이루어지는 청소년의 반려 경험은 학업 스트레스와 경쟁 사회 속에서 지친 이들의 정서를 순화하고, 타인과 더불어 살아가는 사회의 구성원으로 성장하는 데 필수적인 공감과 책임감을 길러주는 매우 가치 있는 교육적 장치임이 분명하다.

6-8
사회적 고립과 반려의 심리적 대체효과

현대 사회의 고립감은 단순히 물리적으로 혼자 있는 상태나 관계의 양적 부족에서 비롯되지 않는다. 오히려 수많은 연결망 속에서도 진정한 유대감을 느끼지 못하고, 관계 자체가 평가와 경쟁, 감정 소모의 원인이 되는 역설적인 '군중 속의 고독'에서 기인하는 경우가 많다. 사회학자 지그문트 바우만(Bauman, 2000)이 묘사한 '유동하는 근대(Liquid Modernity)' 속에서 인간관계는 점점 더 피상적이고 일시적인 것이 되어가며, 이는 깊은 정서적 공허함과 피로감을 낳는다.

이러한 사회적 맥락 속에서 반려동물은 관계의 과부하 없이 친밀감과 안정감을 제공하는 독특한 심리적 대체효과(Psychological Substitution Effect)를 발휘한다. 인간관계의 복잡성과 부담감에서 벗어나 순수한 정서적 교감을 원하는 현대인에게 반려동물은 이상적인 관계 파트너로 기능한다.

- 비언어적 관계가 주는 위로: 인간관계의 많은 피로는 언어적 소통 과정에서 발생하는 오해, 갈등, 그리고 의무감에서 온다. 반려동물과의 관계는 언어를 매개하지 않는다. 말하지 않아도 눈빛과 몸짓, 존재 자체로 전해지는 정서적 교감은 언어적 소통의 부담에서 벗어나게 해주며, 있는 그대로의 나를 받아들여 주는 듯한 깊은 위로와 편안함을 제공한다.

- 무조건적 긍정 경험과 심리적 안전망: 사회생활은 끊임없는 평가와 경쟁의 연속이다. 우리는 타인의 기대에 부응해야 하고, 자신의 가치를 증명해야 한다는 압박에 시달린다. 반면, 반려동물은 보호자의 사회적 지위, 외모, 성과에 상관없이 일관된 애정과 긍정을 보여준다. 이러한 '무조건적 긍정적 존중(Unconditional Positive Regard)'의 경험은 칼 로저스(Rogers, 1961)가 강조했듯, 자존감을 회복시키고 심리적 방어기제를 내려놓게 하는 강력한 치유의 힘을 가진다. 반려동물은 평가와 비난으로부터 자유로운 정서적 안전망(Emotional Safety Net)이 되어준다.

- 자기 노출의 용이성: 타인 앞에서 우리는 종종 사회적 가면을 쓰고 자신의 약점이나 부정적 감정을 숨기려 한다. 그러나 반려동물 앞에서는 이러한 방어기제가 필요 없다. 슬플 때 마음껏 울 수 있고, 화가 날 때 솔직하게 감정을 표현해도 된다. 반

려동물은 비밀을 누설하거나 나를 판단하지 않을 것이라는 믿음이 있기에, 온전한 자기 노출(Self-disclosure)이 가능하며, 이는 감정의 정화(Catharsis) 효과로 이어진다.

이처럼 반려동물은 현대인의 고독과 관계 스트레스를 완화하는 중요한 심리적 대체재로서 기능한다. 복잡한 인간관계를 완전히 대체할 수는 없지만, 그 관계들 속에서 소진된 마음을 재충전하고 회복시키는 필수적인 정서적 피난처의 역할을 수행하고 있는 것이다.

6-9
미디어와 SNS가 형성하는 반려 문화 인식

미디어, 특히 인스타그램, 유튜브, 틱톡과 같은 소셜 네트워크 서비스(SNS)는 현대 반려 문화의 확산과 인식 형성에 지대한 영향을 미치고 있다. 미디어는 개별 보호자들의 사적인 반려 경험을 공적인 영역으로 끌어내어, 이를 가공하고 재구성함으로써 하나의 집단적 이미지와 규범을 만들어낸다. 이러한 미디어의 프레이밍(Framing) 효과는 반려 문화에 대한 대중의 기대를 형성하고, 나아가 보호자들의 실제 행동에까지 영향을 미친다(McCombs & Shaw, 1972).

SNS를 통해 반복적으로 재현되고 강화되는 반려 이미지와 문화는 몇 가지 뚜렷한 특징을 보인다.

- 완벽하고 이상화된 반려동물의 모습: SNS에 등장하는 반려동물들은 대부분 건강하고, 깨끗하며, 귀여운 모습으로 그려

진다. 문제 행동, 질병, 노화, 죽음과 같은 반려 생활의 어둡고 힘든 측면은 대부분 편집되거나 배제된다. 이러한 단면적 재현은 잠재적 보호자들에게 반려 생활에 대한 비현실적인 환상을 심어줄 수 있으며, 이는 실제 양육 과정에서 겪는 어려움에 직면했을 때 쉽게 포기(파양)하는 원인이 되기도 한다. 이는 장 보드리야르(Baudrillard, 1981)가 말한 현실보다 더 현실 같은 '하이퍼 리얼리티(Hyperreality)'의 구축과 유사하다.

- 소비 중심의 문화 프레이밍: 미디어 속 반려 문화는 종종 고가의 용품, 프리미엄 사료, 세련된 펫 전용 시설 등과 결부되어 나타난다. 인플루언서들의 '하울(haul)' 영상이나 '잇템' 추천은 반려동물을 키우는 행위를 끊임없는 소비 활동과 동일시하게 만든다. 이러한 상업화된 프레임은 '좋은 보호자=좋은 소비자'라는 등식을 만들어내며, 반려의 본질인 교감과 책임보다는 물질적 소비를 통해 애정을 증명하려는 경향을 부추긴다.

- '바람직한 보호자' 이미지의 표준화와 규범화: 미디어는 특정 훈련 방식, 매일의 장시간 산책, 유기농 수제 간식 만들기, 정기적인 건강검진 등 '이상적인 보호자'의 행동 기준을 제시하고 이를 규범으로 만든다. 이러한 표준화된 이미지는 보호자들에게 끊임없는 자기 검열을 요구하며, 그 기준에 미치지 못하면 죄책감이나 불안감을 느끼게 한다. 이는 반려 생활을 즐거움이 아닌, 완수해야 할 과업의 연속으로 느끼게 만드는 심리적 압박으로 작용할 수 있다(최유진, 2024).

결론적으로, 미디어와 SNS는 반려 문화의 대중화에 크게 기여한 긍정적 측면이 있지만, 동시에 현실을 왜곡하고, 과도한 소비를 조장하며, 보호자들에게 불필요한 비교 스트레스와 심리적 부담을 안겨주는 부정적 측면도 명확히 존재한다. 따라서 미디어가 제공하는 정보를 비판적으로 수용하고, 각자의 상황에 맞는 건강한 반려 생활의 기준을 주체적으로 정립하려는 노력이 필수적으로 요구된다.

6-10
현대 사회에서 반려 문화의 변화와 윤리적 과제

지난 수십 년간 한국 사회의 반려 문화는 양적, 질적으로 돌이킬 수 없는 변화를 겪으며 사회의 중요한 일부로 자리 잡았다. 반려동물은 더 이상 인간의 필요로 종속된 존재가 아니라, 가족의 구성원이자 교감의 주체로 인식되고 있다. 그러나 이러한 인식의 성숙에도 불구하고, 급격한 문화 변동의 이면에는 여전히 해결해야 할 복잡하고 중대한 윤리적 과제들이 산적해 있다. 성숙한 반려 사회로 나아가기 위해서는 이러한 과제들에 대한 깊이 있는 사회적 성찰과 합의가 시급하다.

현대 반려 문화가 직면한 대표적인 윤리적 과제는 다음과 같다.

- 반려동물의 상업적 소비화 문제: 특정 품종이 미디어를 통해 유행처럼 번지고, 높은 가격에 거래되었다가 유행이 지나면 쉽게 버려지는 현상은 생명을 일시적인 소비재로 취급하는 태도의 극명한 예시다. 이를 뒷받침하는 펫숍의 비윤리적 유통 구조와 열악한 환경의 '강아지 공장'으로 불리는 불법 번식 산업

은 시급히 해결해야 할 구조적 문제다.

- 정서적 의존의 양면성과 보호자의 책임: 반려동물이 주는 정서적 위안에 과도하게 의존한 나머지, 보호자 자신의 심리적 문제를 해결하려는 노력 없이 반려동물을 '감정적 도구'로만 사용하는 것은 또 다른 형태의 착취가 될 수 있다. 보호자는 자신의 정신건강을 돌보고, 반려동물과 건강한 관계를 맺을 심리적 책임을 지닌다.

- 입양과 파양의 윤리적 모순: 반려동물을 '가족'으로 받아들이겠다고 선언하면서도, 이사, 질병, 문제 행동, 경제적 어려움 등의 이유로 너무나 쉽게 관계를 포기하고 유기하는 현상은 심각한 윤리적 모순을 드러낸다. 생명을 책임지는 것에 대한 사회 전반의 가벼운 인식을 개선하고, 입양 전 교육과 파양 숙려 제도 등 제도적 보완이 필요하다.

- 반려동물 권리(Animal Rights)의 재정립: 민법상 반려동물은 여전히 '물건'으로 취급된다. 그러나 현대 과학은 동물이 고통과 기쁨을 느끼는 지각 있는 존재(Sentient Being)임을 증명하고 있다. 피터 싱어(Singer, 1975)의 공리주의적 관점이든, 톰 리건(Regan, 1983)의 권리론적 관점이든, 동물을 단순한 소유물이 아닌 고유한 삶의 주체로 인정하고 그에 합당한 법적, 사회적 지위를 부여하려는 노력이 필요하다.

결론적으로, 반려 문화는 더 이상 개인의 취향이나 선택의 문제가 아니라, 생명에 대한 책임과 윤리적 태도를 동반하는 중대한 '문화적 실천'이다. 반려동물과 더불어 살아가는 사회가 지속 가능하고 성숙한 방향으로 나아가기 위해서는, 우리 사회 구성원 모두가 이러한 윤리적 과제들을 직시하고 함께 해답을 찾아 나서는 끊임없는 성찰의 과정이 필요하다.

Pet
Behavioral
Psychology

제7장

공격성과 불안의
심리 기제

본 장은 반려동물의 공격성과 불안 행동을 단순한 문제 행동이나 훈육 실패의 결과로 환원하지 않고, 심리적·생리적·인지적 기제가 복합적으로 작동한 결과로 조망하는 심리학적 분석을 제시한다. 공격성과 불안은 모두 반려동물이 위협적인 환경에 적응하고 생존하기 위해 진화시켜 온 본능적 방어 체계에 속하며, 외부 자극을 어떻게 지각하고 해석하는지에 따라 서로 다른 행동 양상으로 표출된다. 따라서 이러한 행동을 이해하는 과정은 곧 반려동물의 내면 상태와 정서적 안정 수준을 읽어내는 과정이라 할 수 있다.

공격성은 주로 즉각적이거나 누적된 위협에 대한 능동적 방어 반응으로 나타나는 반면, 불안은 아직 발생하지 않은 위험을 예측하고 대비하는 예방적 방어 상태로 작동한다. 이 두 정서는 분리된 현상이 아니라, 만성 스트레스와 두려움, 과거의 부정적 경험, 그리고 보호자와의 관계 맥락 속에서 서로 영향을 주고받으며 발현된다. 본 장은 이러한 행동의 이면에 존재하는 스트레스 반응 체계(SAM·HPA 축), 코르티솔과 신경전달물질의 작용, 그리고 인지적 왜곡과 정서 조절 실패 메커니즘을 통합적으로 설명함으로써 공격성과 불안의 심리적 근원을 밝히고자 한다.

나아가 본 장은 공격성을 단일한 성향이 아닌 방어적 공격성, 자원 보호 공격성, 공포 기반 공격성 등 다양한 유형으로 구분하여, 각각의 행동이 어떤 정서 상태와 학습 경험에서 비롯되는지를 분석한다. 이 과정에서 유전적 기질이나 신체적 통증과 같은 생물학적 요인뿐 아니라, 사회화 경험의 결핍, 환경 변화, 보호자의 정서 상태와 양육 태도가 공격성과 불안을 어떻게 증폭시키는지를 함께 고찰한다. 특히 보호자의 불안, 일관성 없는 반응, 처벌 중심의 훈육 방식이 반려동물의 방어 체계를 지속적으로 자극하여 문제 행동을 고착화하는 과정에 주목한다.

또한 본 장은 분리불안을 대표적인 불안 장애의 한 형태로 다루며, 이를 단순한 외로움의 문제가 아닌 애착 체계의 불안정성과 보호자 요인이 결합한 심리적 현상으로 설명한다. 이를 통해 반려동물의 불안은 개체의 문제라기보다, 보호자와 반려동물이 함께 구성한 관계 구조 속에서 이해되어야 함을 강조한다.

마지막으로 본 장은 공격성과 불안을 교정의 대상이 아닌 회복과 조절의 대상으로 전환하는 심리치료적 관점을 제시한다. 체계적 둔감화, 역조건형성, 정서 조절 훈련, 환경 조정, 그리고 보호자 교육을 중심으로 한 통합적 개입 전략을 통해, 반려동물이 다시금 세상을 안전하게 인식하고 스스로 조절할 수 있는 정서적 기반을 회복하는 과정을 제안한다. 이를 통해 본 장은 공격성과 불안을 반려동물의 결함이 아닌, 이해되어야 할 심리적 신호로 재정의하며, 인간과 동물이 더 안정적이고 상호 신뢰적인 관계로 나아가기 위한 이론적·실천적 토대를 제공하고자 한다.

7-1
반려동물의 공격성과 불안에 대한 심리학적 이해

반려동물의 공격성이나 불안 행동을 단순히 '문제 행동'으로 규정하는 것은 현상의 본질을 간과하는 접근이다. 이러한 행동들은 동물의 내면에서 일어나는 정서적, 인지적, 그리고 생물학적 반응이 복합적으로 얽혀 발현되는 결과물이다. 본질적으로 공격성과 불안은 모든 동물이 생존을 위해 진화시켜 온 본능적 방어 체계에 속한다. 외부 자극을 어떻게 지각하고 해석하는지에 따라, 이 두 가지 정서는 서로 다른, 때로는 상호 연관된 행동 양상으로 표출된다(Overall, 2013).

공격성은 직접적인 위협에 대한 능동적 방어 반응이거나, 장기간 축적된 스트레스가 임계점을 넘어 폭발하는 형태일 수 있다. 반면, 불안은 아직 발생하지 않았지만, 예측 불가능하거나 잠재적으로 위험하다고 판단되는 상황에 대한 예방적 방어 신호로 기능한다. 따라서 반려동물의 공격성과 불안을 이해하는 것은 그들의 생존 전략과 내면의 심리 상태를 읽어내는 과정과 같다. 이러한 행동의 기저에는 항상 두려움, 만성 스트레스, 과거의 부정적 경험, 그리고 보호자와의 관계와 같은 핵심적인 심리적 요인들이 자리하고 있다. 이를 이해하지 않고 행동의 표면만을 교정하려는 시도는 근본적인 원인을 해결하지 못하고 오히려 문제를 악화시킬 수 있다(Bradshaw, 2011).

7-2
스트레스 반응과 생리적 기제

동물이 스트레스 상황을 인지하면, 신체의 신경계와 내분비계는 생존을 위해 즉각적이고 체계적인 반응을 시작한다. 이 과정은 크게 두 단계의 축으로 나뉘어 진행되며, 각각은 시간적 차이를 두고 신체에 다른 영향을 미친다. 이 생리적 구조는 공격성과 불안 행동이 발현되는 직접적인 출발점이 된다.

1단계: 교감신경계-부신수질 축(SAM Axis)의 활성화

첫 번째 단계는 위협을 감지하는 즉시 일어나는 급성 반응이다. 뇌의 편도체(amygdala)가 위험 신호를 감지하면 시상하부를 자극하고, 이는 교감신경계를 활성화시킨다. 활성화된 교감신경은 부신 수질(adrenal medulla)에 신호를 보내 아드레날린(에피네프린)과 노르아드레날린(노르에피네프린)을 혈류로 분비하게 한다. 이 호르몬들은 '투쟁-도피(fight-or-flight)' 반응을 유발하며, 다음과 같은 신체 변화를 일으킨다.

- 심박 및 호흡 증가: 근육과 뇌에 더 많은 산소와 에너지를 공급하기 위함이다.
- 근육 긴장: 즉각적인 행동(도피 또는 방어)을 준비하기 위해 근

육이 수축한다.

- 소화 기능 억제: 생존과 직결되지 않는 신체 기능에 사용될 에너지를 절약한다.
- 감각 기관의 예민화: 동공이 확장되고 청각이 예민해져 주변 환경을 더욱 민감하게 탐색한다.

2단계: 시상하부-뇌하수체-부신피질 축(HPA Axis) 활성화

스트레스 상황이 지속되면, 보다 느리지만 장기적인 반응 체계인 HPA 축이 활성화된다. 시상하부(Hypothalamus)에서 부신피질자극호르몬 방출호르몬(CRH)이 분비되면, 이는 뇌하수체(Pituitary gland)를 자극하여 부신피질자극호르몬(ACTH)을 분비하게 한다. 혈류를 통해 부신에 도달한 ACTH는 부신 피질(adrenal cortex)에서 코르티솔(cortisol)과 같은 당질 코르티코이드를 분비하도록 촉진한다(Sapolsky, 2004). 코르티솔은 신체가 스트레스에 장기적으로 대처할 수 있도록 에너지를 동원하고 염증 반응을 조절하는 역할을 한다.

문제는 스트레스가 만성적으로 반복되거나 강도가 지나치게 높을 때 발생한다. 지속적인 HPA 축의 활성화는 코르티솔 수치를 만성적으로 높게 유지시킨다. 이는 반려동물을 작은 자극에도 과민하게 반응하는 상태로 만든다. 이러한 '과각성(hypervigilance)' 상태는 불안을 증폭시키고 공격성의 역치를 낮추는 핵심적인 생리적 원인이 된다.

7-3

코르티솔과 신경전달물질의 역할

스트레스 반응의 핵심 호르몬인 코르티솔은 양날의 검과 같다. 단기적으로는 혈당을 높여 에너지를 공급하고 면역 반응을 조절하여 신체가 위기 상황에 대처하도록 돕는다. 그러나 만성 스트레스로 인해 코르티솔 수치가 지속적으로 높게 유지되면, 이는 뇌 기능과 정서 조절 시스템에 심각한 부정적 영향을 미친다(Sapolsky, 2004). 만성적으로 증가한 코르티솔은 해마(hippocampus)의 신경세포를 손상시켜 학습 및 기억 능력을 저하시키고, 편도체를 과활성화시켜 불안과 공포 반응을 증폭시킨다. 결과적으로 반려동물은 사소한 자극에도 과민하게 반응하고, 충동을 억제하는 능력이 저하되어 공격성이 강화될 수 있다. 반대로, 스트레스 요인이 제거되고 코르티솔 수치가 정상 범위로 감소하면 동물은 심리적 안정을 되찾고, 주변 환경에 대한 긍정적인 탐색 행동을 보이며, 새로운 것을 배우는 능력을 회복하게 된다.

코르티솔 외에도, 뇌의 여러 신경전달물질은 정서와 행동을 조율하는 교향곡의 연주자들처럼 각기 다른 역할을 수행하며, 이들의 균형이 공격성과 불안의 심리 기제를 설명하는 핵심 열쇠가 된다(Overall, 2013).

- 세로토닌(Serotonin): '행복 호르몬'으로도 알려졌지만, 더 정확하게는 뇌의 경찰관과 같은 역할을 한다. 세로토닌은 충동성을 조절하고, 감정의 기복을 완화하며, 공격적 행동을 억제하는 데 결정적인 기여를 한다. 세로토닌 수치가 낮아지면, 동물

은 사소한 좌절에도 쉽게 흥분하고 공격적인 반응을 보일 가능성이 커진다. 많은 공격성 교정 약물이 세로토닌 재흡수를 억제하여 시냅스 내 농도를 높이는 원리를 이용한다.

- 도파민(Dopamine): 보상 및 동기 부여 시스템의 핵심 물질이다. 도파민은 즐거운 경험을 기대하게 하고, 목표 지향적 행동을 강화하며, 전반적인 활동 수준을 조절한다. 도파민 시스템의 불균형은 강박 행동이나 과도한 흥분 상태와 관련될 수 있으며, 특정 자원(음식, 장난감)에 대한 집착이나 그를 지키려는 공격적 행동으로 이어질 수 있다(Panksepp, 1998).

- 노르에피네프린(Norepinephrine): 각성, 경계, 그리고 위협에 대한 민감도를 조절한다. 스트레스 상황에서 분비되어 신체를 '투쟁–도피' 상태로 만들며, 집중력과 반응 속도를 높인다. 그러나 노르에피네프린 수치가 만성적으로 높으면 동물은 지속적인 긴장과 불안 상태에 놓이게 되며, 주변의 모든 자극을 잠재적 위협으로 해석하는 과각성 상태를 보이게 된다.

결론적으로, 반려동물의 정서적 안정은 이러한 신경 화학적 물질들의 정교한 균형에 달려있다. 유전적 소인, 환경적 스트레스, 과거 경험 등은 이 균형을 무너뜨려 공격성이나 불안과 같은 행동 문제로 발현될 수 있다.

7-4

공격행동의 생물학적·심리적 요인

반려동물의 공격 행동은 '성격이 나쁘다.'라는 식의 단편적인 평가로 설명될 수 없는 다차원적 현상이다. 이는 동물의 내적 상태와 외부 환경이 상호작용 하며 만들어내는 복합적인 결과물로, 생물학적, 심리적, 그리고 환경적 요인으로 나누어 심층적으로 분석해야 한다.

생물학적 요인

- 유전적 기질: 특정 품종이나 혈통은 선천적으로 특정 자극에 더 민감하거나 충동적인 기질을 가질 수 있다. 이는 행동의 모든 것을 결정하지는 않지만, 특정 방향으로 발달할 소인을 제공한다.
- 뇌 기능 이상: 뇌종양, 간질, 또는 뇌의 특정 영역(예: 편도체, 전두엽)의 기능 장애는 감정 조절 능력의 상실이나 비정상적인 공격성으로 이어질 수 있다.
- 호르몬 불균형: 갑상선 기능 저하증이나 쿠싱 증후군과 같은 내분비계 질환은 대사 및 호르몬 균형을 깨뜨려 과민성이나 공격성을 유발할 수 있다. 성호르몬 역시 특정 유형의 공격성(예: 수컷 간 경쟁)과 관련이 있다.
- 질병이나 통증: 공격 행동의 가장 흔하면서도 간과하기 쉬운 원인 중 하나는 신체적 통증이다. 관절염, 치과 질환, 내장 질환 등으로 인한 만성 통증은 동물의 인내심을 고갈시키고, 특정 부위를 만지거나 특정 자세를 취할 때 방어적인 공격성을

촉발한다. 따라서 행동 문제 진단 시, 수의학적 검진을 통해
생리적 원인을 배제하는 과정은 필수적이다(Mills, Demon-
tigny-Bédard, & Gruen, 2013).

심리적 및 환경적 요인

- 과거 트라우마 및 학습된 공격성: 과거에 겪은 학대, 공격받은
  경험, 또는 특정 상황(예: 병원)에서의 공포는 깊은 트라우마를
  남긴다. 만약 동물이 공격적인 행동을 통해 위협적인 상황에서
  벗어난 경험이 있다면(부정적 강화), 그 행동은 효과적인 생존
  전략으로 학습되어 반복될 가능성이 높다.
- 사회화 부족: 생후 3주에서 12~16주 사이의 사회화 시기에
  다양한 사람, 동물, 환경에 긍정적으로 노출되지 못한 동물은
  새로운 자극을 위협으로 인식하고 두려움 기반의 공격성을 보
  이기 쉽다.
- 정서적 불안정 및 자원 부족: 일관성 없는 양육 환경, 예측 불
  가능한 일상, 그리고 음식, 잠자리, 보호자의 관심과 같은 핵
  심 자원의 부족이나 경쟁은 동물에게 만성적인 불안과 스트레
  스를 유발하여 공격성의 역치를 낮춘다.
- 보호자 행동 패턴: 보호자의 불안한 정서, 일관성 없는 규칙
  적용, 처벌 위주의 훈육 방식은 반려동물의 불안을 증폭시키
  고 방어적 공격성을 유발하는 주요 원인이 될 수 있다. 보호자
  가 무심코 보이는 긴장된 몸짓이나 목줄을 당기는 행동조차
  동물에게는 위험 신호로 해석될 수 있다(McConnell, 2002).

7-5

공격성의 유형: 방어적·지배적·공포 기반 공격성

공격성은 단일한 행동이 아니라, 그 동기와 기저의 정서 상태에 따라 여러 유형으로 분류될 수 있다. 정확한 유형을 진단하는 것은 문제의 근본 원인을 파악하고 가장 효과적인 교정 전략을 수립하는 데 있어 매우 중요하다. 대표적인 공격성의 유형은 다음과 같으며, 실제 상황에서는 여러 유형이 혼재되어 나타나기도 한다(Lindsay, 2001).

방어적 공격성(Defensive Aggression)

가장 흔한 형태의 공격성으로, 동물이 자신을 위협으로부터 보호하기 위한 최후의 수단으로 사용된다. 위협을 느끼지만 피할 수 없다고 판단될 때 발생하며, 공격의 목적은 상대를 해치는 것이 아니라 위협적인 상대를 멀리 쫓아내는 데 있다.

- 상황: 낯선 사람이 갑자기 다가오거나, 원치 않는 신체 접촉을 시도할 때, 구석에 몰렸을 때.
- 정서: 두려움, 불안.
- 신체 언어: 몸을 낮추거나 뒤로 빼는 자세, 귀를 뒤로 젖힘, 꼬리를 다리 사이로 말아 넣음, 입술을 당겨 이빨을 드러냄(공포의 미소), 짖거나 으르렁거리기 전에 하품이나 입술 핥기 같은 스트레스 신호를 먼저 보임.

지배적/경쟁적 공격성(Dominance/Competitive Aggression)

이 유형의 공격성은 과거 '지배성 이론'에 의해 오용됐으나, 현대 동물행동학에서는 사회적 지위 다툼보다는 가치 있는 자원(음식, 장난감, 특정 공간, 보호자의 관심 등)을 통제하고 유지하려는 동기에서 비롯된 '자원 보호 공격성'으로 해석하는 것이 더 정확하다(Bradshaw, 2011). 동물은 자신의 의도나 요구를 관철하기 위해 공격적인 신호를 사용한다.

- 상황: 밥그릇에 다가갈 때, 장난감을 뺏으려 할 때, 특정 소파나 침대에서 내려오게 하려 할 때.
- 정서: 자신감, 결단력, 때로는 불안이 혼재.
- 신체 언어: 몸을 뻣뻣하게 세우고 체중을 앞으로 실음, 꼬리를 높이 들고 뻣뻣하게 흔듦, 상대를 뚫어지게 응시함, 가슴 깊은 곳에서 울리는 낮은 으르렁거림.

공포 기반 공격성(Fear-Based Aggression)

극심한 공포 상태에서 피할 수 없다고 느낄 때 나타나는 폭발적인 자기방어 행동이다. 이는 방어적 공격성의 극단적인 형태로, 과거의 심각한 트라우마나 사회화 부족과 깊이 연관되어 있다. 이 유형의 공격성은 전조 신호가 매우 짧거나 없어 가장 예측하기 어렵고 위험할 수 있다.

- 상황: 과거 트라우마를 연상시키는 특정 자극(예: 특정 복장의 사람, 막대기)에 노출되었을 때, 극도의 스트레스를 받는 환경(예: 동물병원)에 갇혔을 때.
- 정서: 극심한 공포, 패닉.
- 신체 언어: 방어적 공격성과 유사하나, 경고 신호 없이 갑작스럽게 폭발적으로 공격할 수 있음. 공격 후에는 종종 몸을 떨거

나 숨는 등 극심한 공포 반응을 보인다.

이 외에도 통증 유발 공격성, 영역 방어 공격성, 모성 공격성 등 다양한 유형이 존재한다. 한 동물이 상황에 따라 여러 유형의 공격성을 보일 수 있으므로, 행동 전문가는 특정 사건의 전후 맥락과 동물의 신체 언어를 자세히 분석하여 기저에 깔린 핵심 정서가 무엇인지 파악해야 한다.

7-6
불안 행동의 인지적·정서적 기전

불안은 '실제로 존재하는 명확한 위험'에 대한 반응인 공포(fear)와는 구별된다. 불안은 '미래에 발생할지 모르는, 예상되거나 상상된 위험'에 대한 정서적 반응이다(Overall, 2013). 반려동물이 보이는 불안 행동, 예를 들어 과도한 짖음, 서성거림, 파괴 행동, 신체 경직 등은 단순히 나쁜 버릇이 아니라, 내면의 인지적 왜곡과 정서적 불안정이 결합하여 나타나는 복잡한 심리 현상이다.

인지적 기전: 세상에 대한 왜곡된 해석
불안을 겪는 동물은 세상을 인지하고 해석하는 방식에 특정한 편향을 보인다.
- 상황 해석의 오류: 중립적이거나 심지어 긍정적인 자극조차 잠재적 위협으로 해석하는 경향이 있다. 예를 들어, 복도를 지나

가는 이웃의 발소리나 창밖으로 보이는 비닐봉지를 침입자의
신호로 오인할 수 있다.

- 과도한 경계와 일반화: 과거의 부정적 경험이 특정 자극(예: 모
  자를 쓴 남자)과 연결되면, 그와 조금이라도 유사한 모든 자극
  (모든 남자)에 대해 공포 반응을 일반화하게 된다. 이로 인해
  동물은 항상 주변을 경계하며 최악의 시나리오를 예상하는
  '과각성' 상태에 놓인다.
- 부정적 기억의 자동 활성화: 불안한 동물은 긍정적 경험보다
  부정적 경험을 더 쉽게 기억하고 자주 떠올린다. 특정 단서가
  주어지면 과거의 공포 기억이 자동적으로 활성화되어 현재 상
  황을 왜곡하여 인식하게 만든다.

정서적 기전: 안전감의 부재

인지적 왜곡은 정서적 불안정성과 맞물려 증폭된다.

- 안전감 부족: 자신의 환경을 통제할 수 없고 안전하지 않다고
  느낄 때 불안은 심화된다. 일관된 규칙이나 예측할 수 있는 일
  상이 없는 환경은 동물에게 세상이 혼란스럽고 위험한 곳이라
  는 인식을 심어준다.
- 예측 불가능성: 보호자의 귀가 시간이 불규칙하거나, 갑작스러
  운 큰 소리가 자주 나는 등 예측할 수 없는 사건이 반복되면
  동물은 언제 위험이 닥칠지 몰라 항상 긴장 상태를 유지하게
  된다.
- 보호자 정서의 전염: 반려동물, 특히 개는 보호자의 감정 상태
  를 읽는 데 매우 능숙하다. 보호자가 불안하거나 스트레스

를 받으면, 그 감정은 미묘한 표정, 목소리 톤, 신체적 긴장 등을 통해 반려동물에게 그대로 전달된다. 이를 '정서적 전염(emotional contagion)'이라 하며, 보호자의 불안이 반려동물의 불안을 유발하거나 증폭시키는 강력한 요인이 된다(McConnell, 2002).

이처럼 인지적 축과 정서적 축이 동시에 부정적으로 활성화될 때, 반려동물은 만성적인 불안 상태에 빠지게 되며, 이는 공격성, 회피, 강박 행동 등 다양한 문제 행동으로 표출된다.

7-7
분리불안의 발생 원인과 보호자 요인

분리불안은 공격성과 더불어 반려동물, 특히 개에게서 가장 흔하게 진단되는 정서 기반 행동 문제 중 하나이다. 이는 단순히 '외로워서 짖는' 수준의 문제가 아니라, 보호자와의 애착 체계(attachment system)가 불안정하게 형성되었을 때 발생하는 심각한 심리적 고통의 표현이다(Overall, 2013). 분리불안을 겪는 동물은 보호자가 부재할 때 극심한 공황 상태에 빠지며, 이는 파괴 행동, 과도한 짖음이나 하울링, 부적절한 배변, 탈출 시도 등의 형태로 나타난다.

분리불안의 핵심 발생 원인
- 과잉 의존성 및 애착 문제: 보호자와의 관계가 건강한 상호 의

존이 아닌, 일방적인 과잉 의존으로 형성된 경우. 동물이 보호자를 안전 기지(secure base)로 삼아 세상을 탐색하는 대신, 보호자 자체를 유일한 안정의 원천으로 인식하여 분리 상황을 극심한 위협으로 느낀다.

- 초기 사회화 부족: 어린 시기에 혼자 있는 경험을 점진적으로나 긍정적으로 학습하지 못한 경우, 독립심을 기르지 못하고 분리 상황에 대한 대처 능력이 부족해진다.
- 환경의 급격한 변화: 이사, 가족 구성원의 변화(사망, 출산, 이혼), 보호자의 생활 패턴 변경(예: 재택근무에서 사무실 출근으로 전환) 등 안정적인 환경이 갑자기 바뀌는 것은 분리불안의 주요 촉발 요인이 될 수 있다.
- 트라우마 경험: 과거에 유기된 경험이 있거나, 보호자가 없는 동안 천둥, 공사장 소음 등 극심한 공포를 경험한 경우, 혼자 남겨지는 것 자체를 트라우마와 연관 지어 공포 반응을 보일 수 있다.

분리불안에 영향을 미치는 보호자 요인

분리불안은 동물의 기질뿐만 아니라 보호자의 양육 태도 및 상호작용 방식과도 깊은 관련이 있다. 보호자의 특정 행동 패턴은 의도치 않게 분리불안을 유발하거나 악화시킬 수 있다(McConnell, 2002).

- 불안형 양육 태도: 보호자 자신이 불안도가 높고, 반려동물을 과잉보호하며 작은 행동 하나하나에 예민하게 반응하는 경우, 이러한 불안이 동물에게 그대로 전염된다.

- 과도한 관심과 갑작스러운 단절의 반복: 보호자가 집에 있을 때는 모든 관심과 애정을 쏟아붓다가, 외출할 때는 아무런 상호작용 없이 갑자기 사라지는 패턴은 분리의 충격을 더욱 크게 만든다. 특히 외출 직전과 귀가 직후에 과도하게 감정적인 인사를 나누는 행동은 분리에 대한 불안을 학습시키는 결과를 낳는다.
- 벌 기반 훈육: 분리불안으로 인한 파괴 행동이나 부적절한 배변에 대해 귀가 후 처벌하는 것은 문제 해결에 전혀 도움이 되지 않는다. 동물은 자신의 행동과 처벌을 연관 짓지 못하고, 단지 '보호자가 돌아오는 것이 위험하고 예측 불가능하다.'라고 학습하여 불안을 더욱 증폭시킨다.
- 보호자 자신의 정서적 불안: 보호자가 겪는 스트레스, 우울, 불안 등은 반려동물에게 직접적인 영향을 미친다. 안정적인 리더이자 안전 기지가 되어야 할 보호자가 흔들리면, 반려동물의 애착 체계는 심각하게 손상될 수밖에 없다.

따라서 분리불안의 해결은 단순히 동물을 훈련시키는 것을 넘어, 보호자와 반려동물 간의 애착 관계를 재설정하고, 보호자의 양육 태도를 교정하며, 동물이 혼자서도 안정감을 느낄 수 있는 독립심을 길러주는 통합적인 접근이 필요하다.

환경 변화가 공격성과 불안에 미치는 영향

반려동물에게 환경은 단순한 물리적 공간을 넘어, 정서적 안정을 유지하는 데 결정적인 역할을 하는 외부 요인이다. 동물은 예측할 수 있고 통제할 수 있는 환경에서 안정감을 느끼므로, 환경의 급격하거나 부정적인 변화는 스트레스 반응을 촉발하여 공격성이나 불안 행동의 직접적인 원인이 될 수 있다. 특히 변화의 예측 가능성이 작을수록 동물이 경험하는 정서적 불안은 기하급수적으로 증가한다 (Bradshaw, 2011).

주거 환경의 변화

물리적 공간의 변화는 반려동물에게 가장 큰 스트레스 요인 중 하나이다.

- 이사: 익숙한 냄새, 공간 구조, 소리가 모두 사라지고 낯선 환경에 노출되는 것은 영역 동물인 개와 고양이에게 큰 혼란과 불안을 초래한다. 이는 영역 방어적 공격성이나 불안으로 인한 마킹(marking) 행동으로 이어질 수 있다.
- 소음 및 시각적 자극 변화: 집 주변의 공사 소음, 새로운 가구의 배치, 리모델링 등은 청각과 시각에 민감한 동물에게 만성적인 스트레스를 유발한다.
- 새로운 동물의 등장: 새로운 반려동물을 입양하는 것은 기존 동물의 영역과 자원(보호자의 관심 포함)에 대한 직접적인 침범으로 인식될 수 있으며, 이는 심각한 경쟁적 공격성이나 불안

을 촉발할 수 있다.

사회적 환경의 변화

가족 구성원이나 주변 사람들과의 관계 변화 역시 중요한 영향을 미친다.

- 가족 구성원의 변화: 새로운 아기의 탄생, 자녀의 독립, 새로운 동거인의 등장은 가족 내 상호작용의 역학을 바꾼다. 특히 아기의 등장은 보호자의 관심과 시간 배분을 급격히 변화시켜 기존 반려동물에게 혼란과 질투를 유발할 수 있다.
- 보호자의 생활 리듬 변화: 보호자의 출퇴근 패턴 변경, 잦은 출장, 낯선 사람들의 방문 증가는 반려동물의 일상에 예측 불가능성을 높여 불안을 가중한다.

생리적 환경의 변화

동물 자신의 신체 내부에서 일어나는 변화 또한 환경 변화의 일부로 작용한다.

- 나이 증가(노령화): 노령견이나 노령묘는 시력, 청력, 인지 기능이 저하되면서 세상이 더 혼란스럽고 위협적으로 느껴질 수 있다. 인지기능장애 증후군(CDS)은 불안, 방향감각 상실, 공격성 변화 등을 동반한다.
- 질병 및 통증: 만성적인 통증이나 질병은 동물의 전반적인 스트레스 수준을 높이고 인내심을 감소시켜 사소한 자극에도 공격적으로 반응하게 만든다.
- 호르몬 변화: 중성화 수술, 임신과 출산, 또는 내분비계 질환

으로 인한 호르몬 수치의 변화는 정서 상태와 행동에 직접적인 영향을 미칠 수 있다.

결론적으로, 환경 변화에 대한 반려동물의 반응을 최소화하기 위해서는 변화를 최대한 점진적으로 도입하고, 그 과정에서 긍정적인 경험을 연결해 주며, 동물이 새로운 환경에 적응하는 동안 일관된 규칙과 안정적인 애정을 제공하여 예측 가능성을 높여주는 것이 매우 중요하다.

7-9
스트레스 관리와 정서 안정 훈련의 심리학

반려동물의 문제 행동을 교정하기 위한 모든 훈련에 앞서, 반드시 선행되어야 하는 것이 바로 '정서적 안정'의 기반을 구축하는 것이다. 불안하고 스트레스가 높은 상태의 뇌는 생존 모드(survival mode)에 머물러 있어 새로운 것을 배우거나 기존의 행동 패턴을 바꾸기 어렵다. 따라서 정서적 안정을 되찾아주는 것은 훈련의 효과를 극대화하고 행동 변화를 지속 가능하게 만드는 가장 근본적인 심리학적 접근이다(McConnell, 2002). 정서 안정의 핵심 요소는 다음과 같다.

1) 예측 가능성 제공(Providing Predictability)

세상이 혼란스럽고 예측 불가능할 때 불안은 증폭된다. 따라서 일관된 환경을 제공하는 것이 정서 안정의 첫걸음이다.

- 일관된 루틴: 매일 비슷한 시간에 식사, 산책, 휴식을 제공하여 동물이 하루의 흐름을 예측할 수 있게 한다. 이는 세상이 안전하고 질서 있는 곳이라는 믿음을 심어준다.
- 명확하고 일관된 규칙: "소파에 올라가도 될 때와 안 될 때"와 같이, 가족 구성원 모두가 동일한 규칙을 일관되게 적용해야 한다. 규칙이 수시로 바뀌면 동물은 혼란을 느끼고 불안해진다.
- 보호자의 안정적인 반응: 보호자가 차분하고 예측할 수 있는 방식으로 반응할 때, 동물은 보호자를 신뢰할 수 있는 안전 기지로 인식한다.

2) 안전 신호 확립(Establishing Safety Cues)

불안한 상황에서 스스로 진정시킬 수 있는 신호를 만들어주는 것은 매우 효과적이다.

- 안전 장소 제공: 켄넬, 방석, 특정 방 등을 '절대 방해받지 않는 안전한 공간'으로 만들어준다. 이 공간에서는 항상 긍정적인 경험(간식, 칭찬)만 제공하여, 동물이 스트레스를 받을 때 스스로 찾아가 쉴 수 있도록 한다.
- 안정 신호(Calming Signals) 학습: "괜찮아."와 같은 부드러운 음성, 특정 음악, 혹은 안정 효과가 있는 아로마 등을 긍정적이고 편안한 상황과 반복적으로 연결(고전적 조건형성)한다. 이를 통해 해당 신호가 불안을 완화하는 스위치 역할을 하도록 만들 수 있다.

3) 자율성 회복(Restoring Agency)

자신의 환경에 대해 아무런 통제권이 없다고 느낄 때 동물은 무력감을 학습하고 불안해한다. 작은 선택권을 제공하여 자율성을 회복시켜 주는 것이 중요하다(Panksepp, 1998).

- 탐색 행동 허용: 산책 시, 안전이 확보된 환경에서는 냄새 맡기(노즈 워크)와 같은 자연스러운 탐색 행동을 충분히 허용한다. 이는 동물의 스트레스를 해소하고 자신감을 높이는 데 매우 효과적이다.
- 선택지가 있는 환경: 장난감을 여러 개 주고 스스로 고르게 하거나, 쉴 장소를 두세 군데 마련해주는 등 일상에서 작은 선택의 기회를 제공한다.

4) 신체적 안정(Promoting Physical Well-being)

몸과 마음은 분리되어 있지 않다. 신체적 안정은 정서적 안정의 필수 조건이다.

- 적절한 운동과 충분한 휴식: 동물의 품종, 나이, 건강 상태에 맞는 규칙적인 운동은 스트레스 호르몬을 감소시키고 긍정적인 신경전달물질의 분비를 촉진한다. 운동만큼이나 중요한 것이 충분한 수면과 휴식이다.
- 감각 자극 조절: 과도한 소음이나 시각적 자극에 노출된 동물은 만성적인 스트레스를 겪는다. 편안한 환경을 조성하고, 필요하다면 백색소음 등을 활용하여 외부 자극을 차단해 주는 것이 도움이 된다.

이러한 심리학적 원칙에 기반하여 정서적 안정이 먼저 이루어지면, 반려동물은 스트레스 상황에 대한 대처 능력이 향상되고 공격성과 불안 행동이 자연스럽게 감소한다. 더 나아가, 안정된 뇌는 새로운 정보를 받아들일 준비가 되므로, 이후 진행되는 모든 훈련의 효과가 극적으로 향상된다.

7-10
공격성과 불안 교정의 심리치료적 접근

공격성과 불안 행동에 대한 심리치료적 접근은 단순히 행동을 억압하거나 처벌하는 기존의 방식에서 벗어나, 행동의 근원이 되는 정서, 인지, 그리고 환경의 구조를 재설계하는 것을 목표로 한다. 이는 행동을 '없애는 것'이 아니라, 그 행동이 왜 나타났는지를 '이해하고 치유하는 과정'이라는 점에서 근본적인 차이를 갖는다(Overall, 2013). 주요 심리치료 기법은 다음과 같다.

1) 체계적 둔감화(Systematic Desensitization)

동물이 두려워하는 자극을 매우 약한 강도, 즉 불안을 느끼지 않는 수준(sub-threshold)에서부터 점진적으로 노출하는 기법이다. 예를 들어, 다른 개를 무서워하는 개에게 아주 멀리서 다른 개를 보여주어 아무런 반응이 없게 한 후, 그 거리를 몇 주에서 또는 수개월에 걸쳐 아주 조금씩 좁혀나간다. 이 과정에서 동물은 두려운 자극이 실제로는 위협적이지 않다는 것을 점진적으로 학습하며, 자극에 대한 정서적 반응의 역치를 높이게 된다.

2) 역조건형성(Counterconditioning)

둔감화와 함께 사용될 때 가장 강력한 효과를 발휘하는 기법이다. 이는 부정적인 감정(공포, 불안)이 연결된 자극에 매우 긍정적인 경험(가장 좋아하는 간식, 즐거운 놀이)을 짝지어, 기존의 부정적 정서 반응을 긍정적인 정서 반응으로 대체하는 과정이다. 예를 들어, 둔감화를 통해 멀리 있는 다른 개를 보고도 침착함을 유지할 때, 즉시 맛있는 간식을 제공한다. 이를 반복하면 '다른 개=무서운 것'이라는 기존의 연합이 '다른 개 = 맛있는 간식이 나오는 즐거운 신호'라는 새로운 연합으로 대체된다(Lindsay, 2001).

3) 정서 조절 및 대체 행동 훈련

불안이나 흥분이 고조되는 상황에서, 동물에게 공격이나 회피 대신 할 수 있는 바람직한 대체 행동을 가르치는 것이다. 예를 들어, 초인종 소리에 짖는 개에게 초인종이 울리면 자기 방석으로 달려가 앉는 행동을 가르치고 보상한다. 이 과정에서 '앉기'라는 행동은 스스로 진정시키는 의식(ritual)처럼 작용하며, 문제 상황에 대한 감정 반응을 스스로 조절하는 능력을 길러준다.

4) 보호자 개입 및 관계 재구성

반려동물의 행동 문제는 보호자와의 상호작용과 분리하여 생각할 수 없다. 심리치료적 접근은 보호자의 역할을 매우 중요하게 다룬다.
- 보호자 교육 및 상담: 보호자가 반려동물의 신체 언어를 이해

하고, 스트레스 신호를 조기에 인지하며, 자신의 불안이 동물에게 미치는 영향을 깨닫도록 돕는다.

- 양육 태도 교정: 처벌 기반의 훈육을 중단하고, 긍정 강화와 일관성 있는 규칙 적용을 통해 안정적이고 신뢰할 수 있는 리더십을 구축한다.

5) 환경 조정(Environmental Management)

치료 초기 단계에서는 동물이 스트레스 상황에 노출되는 것을 최소화하는 환경 관리가 필수적이다. 창문에 시트지를 붙여 외부 자극을 차단하거나, 산책 시간을 조정하여 다른 개와의 마주침을 피하는 등의 조치는 동물이 정서적으로 회복할 수 있는 안전한 기반을 마련해준다. 예측할 수 있는 스케줄을 제공하고 안전한 휴식 공간을 보장하는 것 또한 중요한 환경 조정 전략이다.

이러한 심리치료적 접근법들은 단기간에 극적인 변화를 불러오기보다는, 시간과 인내심을 가지고 꾸준히 적용해야 한다. 하지만 근본적인 정서와 인지를 다루기 때문에, 일단 변화가 일어나면 그 효과는 매우 안정적이고 지속적이라는 장점이 있다.

Pet
Behavioral
Psychology

제8장

트라우마와 재사회화 심리

　　본 장은 반려동물이 겪는 트라우마의 심리적 메커니즘과 그로 인한 정서적·행동적 후유증을 다루며, 이를 회복하기 위한 재사회화 과정을 심층적으로 고찰한다. 트라우마는 단순히 과거의 고통스러운 기억이 아닌, 신경계 수준에서 각인된 위협 반응 체계의 변형이다. 신체적 학대, 유기, 장기적인 방치, 이별, 생활환경의 급격한 변화 등은 반려동물에게 지속적인 과각성과 불신, 회피, 공격성, 사회적 위축 등의 증상으로 나타난다. 이는 보호자의 노력만으로 쉽게 해결되지 않으며, 더 체계적인 심리 회복 모델이 필요하다.

　　반려동물에게 트라우마는 시간 개념의 경계 없이 현재화되는 정서적 재경험으로 작동한다. 이는 특정한 자극(예: 목소리 톤, 냄새, 장소, 동작)이 과거의 공포와 연합되어, 지금 이 순간 위협이 다시 발생하는 것처럼 느껴지게 한다. 이런 상태의 동물은 방어적 공격성, 반응성 과잉, 특정 상황에 대한 완전한 무기력 등을 보이며, 사회적 상호작용 자체를 거부하거나 두려움에 기반한 과잉 순응을 나타내기도 한다.

　　이러한 트라우마 반응은 뇌의 편도체 과활성화와 해마의 기능 저하, 전전두엽 억제와 같은 생물학적 기반을 가진다. 이는 곧 행동 조절, 기억 처리, 충동 통제 능력의 손상으로 이어진다. 특히 반려동물은 언어로 경험을 설명할 수 없기에, 모든 트라우마 회복은 행동과 감각, 정서 기반의 재학습을 통해 이루어져야 한다.

본 장은 트라우마 회복의 첫 단계를 '신뢰의 재형성'으로 본다. 이는 반복적이고 예측할 수 있는 상호작용을 통해 신경계의 안정화(safety anchoring)를 유도하는 과정이다. 일관된 보호자의 반응, 물리적 안전 공간 확보, 강압 없는 상호작용은 심리적 안정 기반을 제공하며, 이후 재사회화로 나아갈 수 있는 토대를 마련한다. 이후 진행되는 재사회화 과정은 '학습된 공포'를 '학습된 안전'으로 전환하는 반복적 경험이 필요하다. 이를 위해 적용되는 주요 심리치료 기법은 다음과 같다.

체계적 둔감화: 두려움의 자극을 미세한 수준부터 점진적으로 노출하여 신경계의 과각성을 낮추는 훈련.

역조건형성: 위협적 자극과 긍정적 경험(보상, 칭찬 등)을 연합시켜 정서 반응을 재구성하는 과정.

스트레스 신호 해석 훈련: 보호자가 동물의 미세한 스트레스 신호를 인지하고, 이를 조율하는 감각 민감성 훈련.

보호자-동물 공동 회복 프로그램: 보호자 역시 정서적으로 안정되고 일관된 존재가 되어야 하며, 트라우마 회복은 '함께' 만들어가는 과정임을 강조.

본 장은 또한, 트라우마를 경험한 동물들이 사회화 결핍 또는 왜곡된 사회적 스키마를 보일 수 있음을 지적한다. 타 동물에 대한 불신, 사람과의 상호작용 회피, 심지어는 자신을 가치 없는 존재로 인식하는 듯한 '학습된 무기력'까지—이는 단순한 훈련이 아닌 심리 회복 기반의 사회 재통합이 필요함을 시사한다.

마지막으로, 본 장은 유기 동물 보호소, 임시 보호 환경, 재입양 과정 등 실천 현장에서 트라우마 회복과 재사회화가 어떻게 적용되는지 실례를 통해 설명한다. 향후 반려동물 복지 향상을 위한 정책적·교육적 대안 또한 함께 제시한다.

트라우마는 동물의 과거이자 현재이며, 재사회화는 단순한 훈련이 아니라 존엄 회복의 과정이다. 반려동물의 회복 여정은 인간과 동물이 함께 안전을 회복하고, 신뢰를 재구성하며, 관계를 다시 배우는 심리적 재탄생의 여정이기도 하다. 본 장은 바로 그 회복의 길목에 심리학이 어떻게 동행할 수 있는지를 다룬다.

반려동물 트라우마의 개념과 진단 기준

반려동물의 트라우마(Trauma)는 단순히 무섭거나 불쾌한 경험의 축적을 의미하는 용어가 아니다. 이는 특정 사건이나 지속적인 위협으로 인해 생존 시스템이 감당할 수 있는 한계를 넘어 과부하 되면서, 그 결과로 신경계, 정서 조절 체계, 그리고 행동 패턴 전반에 걸쳐 장기적인 기능 변화가 초래된 상태를 지칭하는 전문적인 심리학적 개념이다. 단기적인 공포 반응이 특정 자극에 대한 일시적 회피로 나타나는 것과 달리, 트라우마는 동물의 세계관과 자기 자신에 대한 인식을 근본적으로 바꾸어 일상 행동 전반에 걸쳐 지속적인 영향을 미치는 복합적인 후유증이다.

트라우마를 겪은 동물은 과거의 위협이 사라진 현재에도 여전히 그 위협 속에 사는 것과 같은 생리적, 심리적 상태를 유지한다. 이는 교정해야 할 '문제 행동'이 아니라, 치유가 필요한 깊은 내면의 상처가 외부로 드러나는 증상(Symptom)으로 이해해야 한다. 따라서 정확한 진단은 올바른 개입의 첫걸음이며, 다음과 같은 핵심 기준들을 종합적으로 평가하여 이루어진다.

핵심 진단 기준

- 회피 행동의 반복(Persistent Avoidance): 트라우마와 관련된 장소, 사람, 소리, 혹은 특정 상황을 피하려는 지속적이고 강박적인 행동 패턴을 보인다. 이는 단순한 선호의 문제가 아니라, 재경험에 대한 극심한 공포에서 비롯된 생존 전략이다.

- 일상적 자극에 대한 과도한 불안(Generalized Anxiety): 과거의 위협과 직접적인 관련이 없는 일상적인 자극(예: 초인종 소리, 낯선 사람의 방문, 새로운 물체)에도 예측 불가능한 높은 수준의 불안과 경계심을 나타낸다.

- 스트레스 회복 기능 저하(Diminished Resilience): 스트레스 상황에 노출되었을 때 평상시의 안정 상태로 돌아오는 데 비정상적으로 오랜 시간이 걸린다. 작은 스트레스에도 쉽게 압도되며, 한번 흥분하면 진정시키기가 매우 어렵다.

- 과민 반응 및 공격성 증가(Increased Irritability and Aggression): 사소한 자극에도 쉽게 놀라거나(startle response), 방어적 또는 선제적 공격성을 보이는 등 반응의 역치가 현저히 낮아진다. 이는 위협을 조기에 차단하려는 과잉 방어기제의 발현이다.

- 특정 상황에서의 비일관적·과도한 스트레스 반응(Inconsistent and Disproportionate Stress Response): 특정 맥락이나 자극에 대해 다른 동물들과는 다른, 이해하기 어려운 극단적인 공포나 패닉 반응을 보인다. 이는 외상 기억이 특정 단서에 의해 촉발되었을 가능성을 시사한다.

결론적으로, 트라우마는 눈에 보이지 않는 심리적 상처이지만, 행동이라는 표면 위로 명백하게 그 존재를 드러낸다. 보호자와 전문가는 이러한 행동 신호들을 '나쁜 버릇'이나 '고집'으로 오해하지 않고, 그 기저에 깔린 고통을 이해하려는 관점의 전환을 이루어야 한다. 트라우마는 훈육이나 교정의 대상이 아니라, 깊은 공감과 전문적인 지원을 통해 치유해야 할 영혼의 상처이다.

8-2
학대, 방임, 유기 경험이 남긴 심리적 상처

반려동물에게 있어 학대, 방임, 그리고 유기는 단순한 부정적 경험을 넘어 생존의 근간을 흔드는 심각한 심리적 손상을 초래한다. 이 세 가지 경험은 각각 다른 양상으로 나타나지만, 공통적으로 세상과 타인에 대한 근본적인 신뢰를 파괴하고 깊은 트라우마를 남긴다.

1) 학대(Abuse)

학대는 직접적인 신체적 폭력뿐만 아니라, 고함, 위협적인 몸짓, 특정 물건을 이용한 겁박 등 정서적 폭력까지 포괄한다. 신체적 고통은 물론, 예측 불가능한 위협 속에서 느끼는 극심한 공포와 무력감은 동물의 신경계를 영구적으로 변화시킬 수 있다. 학대를 경험한 동물은 특정 가해자뿐만 아니라 인간이라는 종 전체를 잠재적 위협으로 일반화하는 경향을 보인다. 사람의 손길, 특정 톤의 목소리, 갑작스러운 움직임 등 모든 인간 관련 자극이 생존을 위협하는 신호로 해석될 수 있다. 이로 인해 극단적인 방어 공격성이나 완전한 사회적 위축(shutdown) 상태에 빠지기도 한다.

2) 방임(Neglect)

방임은 적극적인 가해 행위는 없지만, 생존에 필수적인 요소들을 박탈함으로써 서서히 동물을 파괴하는 소극적 형태의 학대다. 불충분한 식사 제공, 비위생적인 환경, 사회적 교류의 완전한 차단, 좁은 공간에서의 장기간 감금 등이 이에 해당한다. 특히 성장기 동안의 환경적·사회적 자극 결핍은 뇌의 정상적인 발달을 저해하여 학습 능력과 정서 조절 능력에 치명적인 영향을 미친다. 방임된 동물은 새로운 환경이나 자극에 대처하는 능력이 현저히 떨어지며, 무기력증, 상동 행동(stereotypic behavior), 극심한 불안 등을 나타낼 수 있다.

3) 유기(Abandonment)

유기는 사회적 동물인 반려동물에게 가장 극심한 정서적 충격을 주는 사건 중 하나다. 안정적인 애착 관계를 형성했던 보호자로부터의 갑작스러운 상실은 세상이 무너지는 것과 같은 경험이다. 이는 단순한 외로움을 넘어, 생존에 직결된 소속감과 안정감의 완전한 박탈을 의미한다. 유기를 경험한 동물은 극심한 상실감과 함께 버려졌다는 사실 자체에서 오는 혼란을 겪는다. 이로 인해 자기 보호 본능이 과도하게 강화되어 새로운 관계 형성을 극도로 주저하거나, 반대로 새로운 보호자에게 병적으로 집착하며 극단적인 분리불안을 보이는 양가적 행동 패턴을 나타낼 수 있다.

이러한 파괴적인 경험들은 공통적으로 반려동물의 내면에 다음과 같은 부정적인 인지 구조(Cognitive Schema)를 각인시킨다.

"세계는 예측 불가능하고 위험한 곳이다."
"인간은 신뢰할 수 없는 존재이며, 언제든 나를 해치거나 버릴 수 있다."

결과적으로 트라우마 치유와 재사회화의 과정은 단순히 좋은 경험을 제공하는 것을 넘어, 동물의 마음속 깊이 뿌리내린 이 왜곡된 인지 구조를 점진적으로 수정하고 재구성하는 고도의 심리적 작업이 된다.

8-3
외상 기억과 행동 패턴의 관계

트라우마를 겪은 반려동물이 보이는 비정상적인 행동 패턴의 근원에는 '외상 기억(Traumatic Memory)'이 자리 잡고 있다. 외상 기억은 우리가 일반적으로 생각하는 서사적 기억(narrative memory), 즉 '언제, 어디서, 무슨 일이 있었는지'를 회상하는 것과는 근본적으로 다른 방식으로 저장되고 작동한다. 이는 단순한 기억의 조각이 아니라, 생존을 위해 신경계에 각인된 비상 대응 프로그램에 가깝다.

외상 기억은 대뇌피질의 논리적 회로를 거치지 않고, 주로 감정과 생존 반응을 관장하는 뇌의 깊은 영역(편도체 등)에 파편화된 감각 정보(소리, 냄새, 시각적 이미지)와 강렬한 정서(공포, 무력감)의 형태로 저장된다. 이러한 저장 방식은 외상 기억에 다음과 같은 독특한 특징을 부여한다.

외상 기억의 주요 특징
- 불변성(Persistence): 일반적인 기억이 시간이 지나면서 희미해지거나 재구성되는 것과 달리, 외상 기억은 생생함과 정서적

강도를 거의 잃지 않은 채 보존된다. 이는 생존에 치명적이었던 위협을 잊지 않으려는 뇌의 원시적 메커니즘 때문이다.

- 자동적 활성화(Automatic Activation): 외상 기억은 의식적인 회상 과정을 통해 인출되는 것이 아니다. 과거 트라우마 상황과 조금이라도 유사한 감각적 단서(trigger)에 노출되면, 마치 스위치가 켜지듯 자동적이고 즉각적으로 활성화된다.
- 이성적 판단의 우회(Bypassing Rational Thought): 외상 기억이 촉발되면, 뇌의 위협 대응 시스템은 '선 조치, 후 보고'의 원칙에 따라 작동한다. 즉, 현재 상황이 정말로 위험한지 분석하는 전두엽의 이성적 판단보다 훨씬 빠르게 생존 반응(공격, 도주, 경직)을 일으킨다. 동물은 자신이 왜 그렇게 반응하는지 스스로 인지하지 못한다.

이러한 외상 기억의 작동 방식은 반려동물의 현재 행동을 직접적으로 지배한다. 예를 들어, 다음과 같은 현상들이 나타날 수 있다.

- 사례 1: 과거 철제 도구로 학대당한 경험이 있는 개는, 보호자가 주방에서 떨어뜨린 금속성 냄비 소리만 들어도 마치 학대 상황이 재현된 것처럼 극심한 공포에 질려 구석에 숨거나 몸을 떤다. 냄비 소리가 자신을 해치지 않는다는 이성적 사실과 무관하게, 외상 기억이 자동적으로 활성화된 것이다.
- 사례 2: 유기된 경험이 있는 개는, 보호자가 잠시 쓰레기를 버리러 현관문 밖으로 나가는 짧은 부재 상황에서도 버려졌던 당시의 극단적인 공포와 불안을 재경험하며, 문을 긁고 울부짖는 등 심각한 분리불안 증세를 보인다.

이처럼 외상 기억은 반려동물의 현재 행동을 결정짓는 '보이지 않는 알고리즘'과 같다. 보호자는 눈앞의 행동만을 보고 동물을 다그치거나 훈련시키려 해서는 안 된다. 대신, 어떤 기억이 동물의 행동을 조종하고 있는지를 이해하고, 그 기억을 촉발하는 단서를 관리하며, 안전하다는 새로운 경험을 통해 오래된 알고리즘을 점진적으로 덮어쓰는 섬세한 접근이 필요하다.

8-4
불안·공포 반응의 신경생리학적 이해

트라우마를 겪은 반려동물의 과도한 불안과 공포 반응은 의지나 성격의 문제가 아니라, 뇌의 위협 감지 및 대응 시스템이 비정상적으로 작동한 결과이다. 만성적인 스트레스와 극심한 공포 경험은 뇌의 구조와 기능 자체를 변화시키며, 특히 다음과 같은 신경생리학적 기제들이 핵심적인 역할을 한다.

1) 편도체(Amygdala)의 과활성화

편도체는 뇌의 '화재경보기'와 같은 역할을 하는 기관으로, 감각 정보를 받아 잠재적 위험을 판단하고 공포 반응을 일으킨다. 트라우마 상태에서는 이 편도체가 극도로 예민해져 사소한 자극에도 쉽게 경보를 울리는 과활성화 상태가 된다. 이는 위협 판단의 속도를 높여 생존 가능성을 극대화하려는 적응 기제이지만, 심각한 부작용을 낳는다. 즉, 정확성보다 속도를 우선시하기 때문에 오류가 급증하게 된다. 중립적이거나 안전한 자극마저 위협으로 오인하고, 과거의 외상 기억을 현재 상황에 무분별하게 투영하여 현실을 왜곡하는 주된 원인이 된다.

2) 해마(Hippocampus)의 기능 저하

해마는 기억을 저장하고, 특정 사건이 발생한 '맥락(context)'을 판단하는 중요한 역할을 한다. 예를 들어, '날카로운 소리'라는 자극이 수의사의 진료실에서 들렸는지, 아니면 집 안에서 장난감을 가지고 놀다 났는지를 구분하여 적절한 반응을 유도한다. 하지만 트라우마로 인한 만성 스트레스는 스트레스 호르몬인 코르티솔(Cortisol)의 분비를 촉진하는데, 이 코르티솔은 해마의 신경세포에 독성을 띠어 그 기능을 약화시킨다. 기능이 저하된 해마는 '과거에는 위험했지만, 지금은 안전하다.'라는 맥락적 사실을 제대로 판단하지 못하게 된다. 그 결과, 동물은 과거의 위협과 유사한 단서만 나타나면 현재 상황의 안전 여부와 관계없이 공포 반응을 보이게 된다.

3) 시상하부-뇌하수체-부신 축(HPA Axis)의 지속적 활성

HPA 축은 스트레스에 반응하여 코르티솔을 분비하고 신체를 '투쟁-도피(fight-or-flight)' 모드로 전환하는 핵심 호르몬 시스템이다. 건강한 상태에서는 위협이 사라지면 HPA 축의 활동이 억제되고 신체가 안정 상태로 복귀한다. 그러나 트라우마를 겪은 동물은 이 조절 시스템이 손상되어 위협이 없는 상황에서도 HPA 축이 지속적으로 활성화된다. 이는 만성적인 고농도의 코르티솔 상태를 유지하게 만들며, 이는 다시 편도체를 더욱 민감하게 만들고 해마 기능을 억제하는 악순환을 초래한다.

결과적으로, 트라우마를 겪은 반려동물은 실제 위협이 없음에도 불구하고 뇌가 끊임없이 위협이 '있다'고 느끼는 상태에 놓인다. 이들의 신경계는 항상 비상사태에 준하는 경계 태세를 유지하며, 도망(flight), 경직(freeze), 공격(fight), 회피(avoidance)와 같은 생존 반응을 이성적 통제 없이 자동으로 표출하게 되는 것이다. 이는 의도적인 행동이 아닌, 통제 불가능한 신경생리학적 반응임을 이해하는 것이 치유의 출발점이다.

8-5
사회화 결핍과 회피 행동의 심리구조

반려동물의 심리적 문제에 있어 급성 트라우마만큼이나, 혹은 그 이상으로 중요한 요인은 바로 사회화 시기의 경험 결핍이다. 특히 생후 3주에서 12~16주 사이에 해당하는 '결정적 사회화 시기(critical socialization period)'는 동물이 세상을 인식하고 관계를 맺는 방식의 기초를 형성하는 매우 중요한 창이다. 이 시기에 다양한 긍정적 경험(다양한 사람, 다른 동물, 여러 가지 소리, 사물, 환경 등)에 충분히 노출되지 못하면, 반려동물은 자신이 경험하지 못한 모든 것을 잠재적 위협으로 간주하게 된다.

사회화 결핍은 뇌가 세상을 안전하고 흥미로운 곳으로 인식할 기회를 박탈한다. 긍정적 자극의 부재는 곧 '미지의 것 = 위험한 것'이라는 공식을 뇌리에 각인시킨다. 이는 동물이 세상을 두려움과 불안의 공간으로 해석하게 만드는 근본적인 원인이 된다.

사회화 결핍의 주요 결과

- 낯선 대상에 대한 과도한 불안: 사회화 시기에 다양한 유형의 사람(남성, 여성, 아이, 노인)과 온순한 다른 동물들을 만나보지 못한 동물은, 낯선 존재의 등장 자체를 자신의 생존을 위협하는 침입으로 받아들인다.
- 일상적 자극에 대한 과민 반응: 진공청소기 소리, 자동차 경적, 천둥소리 등 일상적인 환경 소음에 노출된 경험이 부족하면, 이러한 자극들을 예측 불가능한 위협으로 인식하여 극심한 공포 반응을 보인다.
- 탐색 행동 의욕 저하: 새로운 사물이나 환경에 대한 호기심과 탐색은 정신적 건강의 중요한 척도이다. 그러나 사회화가 부족한 동물은 미지의 것에 대한 두려움이 호기심을 압도하여, 새로운 자극을 탐색하기보다 안전한 구역에 머무르려는 경향이 강하다.
- 관계 형성의 어려움: 타인 및 다른 동물과 긍정적인 상호작용을 통해 사회적 기술을 배울 기회가 없었기 때문에, 관계를 시작하고 유지하는 데 서툴다. 상대의 사회적 신호를 오해하거나 부적절하게 반응하여 갈등을 유발하기 쉽다.

회피 행동의 심리구조: 생존을 위한 전략

이러한 사회화 결핍의 결과로 나타나는 가장 두드러진 행동이 바로 '회피(Avoidance)'이다. 낯선 사람이 다가올 때 뒷걸음질 치거나, 다른 개를 보면 길 반대편으로 도망가려 하거나, 특정 장소에 가는 것을 완강히 거부하는 행동 등이 이에 해당한다.

중요한 것은 이러한 회피 행동이 단순히 '겁이 많아서' 나타나는 소극적인 태도가 아니라는 점이다. 동물의 관점에서 회피는 두렵고 위험하다고 인식되는 대상으로부터 자신을 지키기 위한 가장 합리적이고 적극적인 생존 전략이다. 회피를 통해 위협적인 상황을 성공적으로 모면하면, 동물은 '회피했더니 안전해졌다.'라는 학습을 하게 되고, 이는 행동을 더욱 강화하는 요인이 된다. 따라서 회피 행동을 벌을 주거나 강제로 상황에 직면시키는 방식으로 제거하려 시도하는 것은, 동물의 불안을 극대화하고 보호자에 대한 신뢰마저 무너뜨리는 매우 위험한 접근이다. 회피는 제거의 대상이 아니라, 그 기저에 있는 '세상은 위험하다.'라는 심리적 구조를 이해하고 공감해야 할 중요한 신호이다.

8-6
재사회화 과정에서의 신뢰 회복 단계

트라우마 치유와 재사회화는 단번에 이루어지는 기적이 아니라, 손상된 신경계와 왜곡된 인지 구조를 점진적으로 재구성하는 체계적이고 단계적인 과정이다. 각 단계는 동물의 심리적 준비 상태에 맞춰 신중하게 진행되어야 하며, 섣부른 시도는 오히려 상태를 악화시킬 수 있다. 신뢰 회복을 위한 재사회화 과정은 일반적으로 다음과 같은 5단계로 구성된다.

1단계: 안전 확보(Establishing Safety) 모든 치유의 전제 조건은 절대적인 안전감이다. 이 단계의 핵심 목표는 동물의 과활성화된 신경계를 진정시키는 것이다. 이를 위해 예측 가능하고 안정된 환경을 제공해야 한다. 일관된 식사 및 산책 시간, 위협적인 자극이 없는 조용한 개인 공간(켄넬, 방석 등), 보호자의 차분하고 예측할 수 있는 행동 패턴이 필수적이다. 이 시기에는 무리한 훈련이나 새로운 자극 노출을 시도하지 않고, 오직 동물이 '이곳은 어떤 위협도 없는 안전한 곳'이라고 느끼게 하는 데 집중해야 한다.

2단계: 보호자 신뢰 형성(Building Trust with the Guardian) 환경이 안전하다는 인식이 생긴 후에는, 보호자 자신을 안전한 존재로 각인시키는 단계이다. 이는 예측 가능한 긍정적 상호작용을 통해 이루어진다. 동물이 원치 않는 접촉을 강요하지 않고, 동물이 먼저 다가올 때까지 기다려주는 존중의 태도가 중요하다. 부드러운 목소리로 말을 걸거나, 동물이 좋아하는 간식을 조용히 건네는 등 위협 없는 긍정적 경험을 반복적으로 제공한다. 이 과정을 통해 '이 사람은 나를 해치지 않으며, 나에게 좋은 것을 제공하는 안전한 존재'라는 확신을 심어준다.

3단계: 미세 자극 노출(Micro-Exposure and Desensitization) 신뢰가 형성되면, 두려워하는 자극에 점진적으로 노출시키는 탈감작(Desensitization)을 시작한다. 핵심 원리는 동물이 불안이나 공포를 느끼지 않는 매우 낮은 강도(sub-threshold)로 자극을 제시하는 것이다. 예를 들어, 다른 개를 무서워한다면 아주 멀리서(예: 100m 밖)

개가 보이는 것만으로 시작한다. 동물이 그 자극을 인지하되 불안해하지 않으면, 그 상태에서 긍정적 보상(간식 등)을 제공하고 노출을 마친다. 점진적으로 거리나 강도를 조절하며 안전하게 자극에 익숙해지도록 돕는다.

4단계: 대체 행동 강화(Strengthening Alternative Behaviors) 이 단계는 역조건형성(Counter-Conditioning) 원리를 적용하여, 두려움이라는 감정을 다른 긍정적인 감정(기대, 즐거움)이나 행동으로 대체하는 과정이다. 3단계와 병행하여, 두려운 자극이 나타났을 때 짖거나 도망가는 대신 보호자에게 집중하거나 앉는 등 바람직한 대체 행동을 하도록 유도하고 즉시 강화(보상)한다. 이를 통해 '무서운 것이 나타나면, 보호자를 쳐다보면 맛있는 것이 생긴다.'라는 새로운 연합을 만들어, 두려움에 대한 동물의 감정적, 행동적 반응을 근본적으로 바꾼다.

5단계: 사회적 확장(Social Generalization) 특정 자극에 대한 두려움이 완화되면, 경험의 범위를 서서히 확장한다. 통제된 환경에서 온순한 다른 동물이나 낯선 사람을 짧게 만나는 경험을 주선하거나, 새로운 장소를 방문하는 등 긍정적인 사회적 경험을 일반화시키는 단계이다. 이 과정 역시 동물의 스트레스 신호를 자세히 관찰하며, 언제든 중단할 준비를 한 채 신중하게 진행해야 한다.

재사회화는 '하루 만에 문제를 해결하는 것'이 아니라, '손상된 신경계와 정서 구조를 안전하게 다시 훈련하는 과정'임을 명심해야 한다. 인내심과 일관성이 가장 중요한 성공 요인이다.

8-7

긍정적 강화와 안정적 환경 조성의 효과

트라우마 치유의 여정에서 처벌, 강압, 위협과 같은 부정적 수단은 동물의 상처를 더욱 깊게 할 뿐이다. 오직 두 가지 핵심 도구, 즉 '긍정적 강화(Positive Reinforcement)'와 '안정적 환경(Stable Environment)'만이 손상된 신뢰를 회복하고 내면의 불안을 잠재울 수 있는 가장 강력하고 윤리적인 방법이다. 이 두 요소는 각각 다른 측면에서 치유를 촉진하며, 함께 적용될 때 시너지 효과를 발휘한다.

1) 긍정적 강화: '두려움'을 '기대'로 전환하는 힘

긍정적 강화는 동물이 바람직한 행동을 했을 때 보상(간식, 칭찬, 놀이 등)을 제공하여 그 행동의 빈도를 높이는 훈련 원리이다. 그러나 트라우마 치유의 맥락에서 긍정적 강화는 단순한 행동 형성 기술을 넘어선다. 이는 동물의 근본적인 정서 상태를 변화시키는 강력한 심리치료 도구이다.

트라우마를 겪은 동물은 세상을 예측 불가능한 위협으로 가득 찬 곳으로 인식한다. 긍정적 강화는 이러한 인식에 균열을 낸다. 예를 들어, 두려워하는 자극(낯선 사람)이 나타났을 때 보호자를 쳐다보는 행동에 대해 맛있는 간식이 제공된다면, 동물은 '낯선 사람'이라는 자극을 더 이상 순수한 공포의 대상이 아닌, '맛있는 간식이 생길 수도 있는 신호'로 재인식하기 시작한다. 이 과정이 반복되면, 두려움이라는 감정이 점차 기대감과 즐거움이라는 긍정적 감정으로 대체된다(역조건형성).

이러한 긍정적 기대감이 쌓일수록, 과활성화되었던 편도체는 안정을 찾고, 뇌에서는 도파민과 같은 신경전달물질이 분비되어 정서적 안정감을 높인다. 결과적으로 동물은 수동적으로 위협을 회피하는 대신, 새로운 자극을 탐색하고 세상과 상호작용을 하려는 내적 동기와 의지를 되찾게 된다.

2) 안정적 환경: 신경계의 '안전 기지' 구축

긍정적 강화가 특정 상황에서 감정을 변화시키는 '점'적인 개입이라면, 안정적 환경 조성은 동물의 일상 전체를 떠받치는 '선'과 '면'의 개입이다. 안정적 환경의 핵심은 예측 가능성(Predictability)이다.

- 일관된 스케줄: 매일 같은 시간에 식사하고, 산책하고, 잠자리에 드는 루틴은 세상이 혼란스럽지 않고 질서정연하다는 믿음을 준다.
- 안전한 개인 공간: 누구에게도 방해받지 않는 자신만의 공간(켄넬, 방석 등)은 스트레스 상황에서 언제든 돌아가 쉴 수 있는 '안전 기지' 역할을 한다.
- 예측 가능한 보호자: 보호자의 감정 기복 없는 차분한 태도와 일관된 반응은 동물이 보호자를 신뢰할 수 있는 존재로 인식하는 데 결정적이다.

이러한 조건들이 충족될 때, 동물의 신경계는 만성적인 '비상경계 태세'를 해제할 수 있다. 편도체의 과활성이 감소하고, 스트레스 호르몬 수치가 정상화되며, 손상되었던 정서적 회복탄력성(emotional resilience)이 향상된다. 안정된 환경은 동물이 새로운 학습(긍정적 강화 훈련 등)을 받아들일 수 있는 심리적 토대를 마련해 준다.

결론적으로, 트라우마는 처벌이나 강압으로 결코 해결될 수 없다. 처벌은 동물이 가진 '세상은 위험하다.'라는 믿음을 확증시켜 줄 뿐이다. 오직 '안정과 긍정 경험의 꾸준한 누적'만이 얼어붙은 마음을 녹이고 진정한 치유로 나아가는 유일한 길이다.

8-8
행동치료와 심리치료의 통합 접근

반려동물의 트라우마에 대한 개입은 눈에 보이는 문제 행동을 수정하는 것만으로는 근본적인 해결에 도달할 수 없다. 행동은 내면의 정서, 인지, 그리고 신경생리학적 상태가 반영된 결과물이기 때문이다. 따라서 가장 효과적인 접근법은 겉으로 드러나는 행동을 다루는 행동치료(Behavior Therapy, BT)와, 그 기저에 있는 심리적 요소를 다루는 심리치료적 접근(Psychotherapeutic Approach)을 유기적으로 통합하는 것이다.

1) 행동치료(BT)의 역할: 행동 패턴의 재구성

행동치료는 관찰할 수 있는 행동을 변화시키는 데 초점을 맞춘 구체적이고 실용적인 기법들을 포함한다. 이는 트라우마 치유 과정에서 동물이 세상에 안전하게 다시 적응하도록 돕는 핵심적인 도구 역할을 한다.

- 탈감작(Desensitization): 두려움을 유발하는 자극에 대해 동

물이 반응하지 않는 매우 낮은 강도부터 점진적으로 노출시켜, 자극 자체에 대한 민감도를 줄이는 체계적인 과정이다.

- 역조건형성(Counter-Conditioning): 두려운 자극과 긍정적인 경험(예: 맛있는 간식)을 짝지어, 자극에 대한 동물의 감정적 반응을 공포에서 기대로 바꾸는 기법이다.
- 환경 관리(Environmental Management): 동물이 감당할 수 없는 자극에 노출되는 것을 사전에 차단하여 스트레스를 예방하고, 안전한 환경을 조성하여 심리적 안정감을 제공한다.
- 대체 행동 제안(Differential Reinforcement of Alternative Behavior): 문제 행동(예: 짖기) 대신 바람직한 대체 행동(예: 앉아서 기다리기)을 가르치고 강화함으로써, 동물이 스트레스 상황에서 대처할 수 있는 새로운 기술을 습득하게 한다.

2) 심리치료적 접근의 역할: 내면세계의 치유

심리치료적 접근은 인간의 인지행동치료(CBT)나 애착 기반 치료의 원리를 반려동물과 보호자의 관계에 적용한 것이다. 이는 행동의 변화를 넘어, 동물의 정서 조절 능력과 세상에 대한 인식을 근본적으로 바꾸는 것을 목표로 한다.

- 정서 안정 기술 훈련: 보호자가 동물의 스트레스 신호를 조기에 인지하고, 마사지, 차분한 음성, 안전한 공간으로의 유도 등을 통해 동물이 스스로 감정을 조절하고 안정 상태로 돌아올 수 있도록 돕는다.
- 신뢰 구축을 위한 상호작용 재패턴화: 보호자가 일방적으로 주도하는 관계가 아닌, 동물의 의사와 선택을 존중하는(con-

sent-based) 상호작용을 통해 파괴된 신뢰를 회복하고 안정
적인 애착 관계를 재건한다.

- 감정 인지 및 회복탄력성 강화: 다양한 놀이와 긍정적 경험을
  통해 동물이 좌절을 견디고, 새로운 도전을 즐기며, 스트레스
  로부터 빠르게 회복하는 능력, 즉 회복탄력성(resilience)을 길
  러준다.

통합 접근의 본질: 행동, 정서, 관계의 총체적 변화

행동치료가 '무엇을 해야 하는가?'에 대한 구체적인 솔루션을 제공
한다면, 심리치료적 접근은 '왜 그렇게 해야 하는가?'에 대한 깊은 이
해와 '어떤 태도로 임해야 하는가?'에 대한 방향성을 제시한다. 이 두
가지가 결합할 때, 개입은 단순히 특정 행동을 없애는 단기적 처방
을 넘어, 반려동물의 신경계, 정서 시스템, 인지 구조, 그리고 보호자
와의 관계 체계까지 총체적으로 변화시키는 장기적이고 지속 가능한
치유 과정이 될 수 있다.

8-9
보호자 역할과 공감적 재훈련 모델

반려동물 트라우마 치유의 성패는 전문가의 개입만큼이나, 혹은
그 이상으로 일상을 함께하는 보호자의 역할에 달려있다. 보호자는
단순한 관리자나 훈련사를 넘어, 동물의 '안전 기지(Secure Base)'이
자 '정서적 조율자(Emotional Co-regulator)'로서 기능해야 한다. 이

를 위해 기존의 상하 관계적 관점을 버리고, 동물의 내면을 이해하려는 공감적 재훈련 모델(Empathic Retraining Model)로의 전환이 필수적이다.

보호자의 핵심 역할: 안정의 기준점 되기

트라우마를 겪은 동물은 내면의 폭풍 속에서 방향을 잃은 배와 같다. 이때 보호자는 흔들리지 않는 등대처럼 안정적인 기준점이 되어주어야 한다. 이를 위한 핵심 역할은 다음과 같다.

- 정서적 안정 유지: 보호자 자신의 불안, 조급함, 실망감은 그대로 동물에게 전염된다. 동물이 극심한 불안을 보일 때일수록 보호자는 의식적으로 심호흡을 하고 차분한 태도를 유지해야 한다. 보호자의 안정된 심장 박동과 차분한 에너지는 그 자체로 가장 강력한 진정제이다.

- 공포 신호의 민감한 독해자: 동물이 보내는 미세한 스트레스 및 공포 신호(카밍 시그널: 입술 핥기, 하품, 시선 피하기, 몸 떨기 등)를 민감하게 읽어내는 능력을 길러야 한다. 이는 동물이 감당할 수 없는 상황으로 치닫기 전에 개입을 멈추거나 환경을 조절할 수 있게 해주는 핵심 기술이다.

- 과도한 반응 대신 차분한 지지 제공: 동물이 공포에 질려 짖거나 도망치려 할 때, 함께 소리치거나 줄을 세게 당기는 것은 상황을 악화시킬 뿐이다. 대신, 조용히 몸으로 앞을 막아주거나, 차분한 목소리로 "괜찮아"라고 말하며 함께 그 자리를 벗어나는 등, 동물이 의지할 수 있는 차분한 지지자로서의 모습을 보여야 한다.

- 예측 가능한 상호작용 패턴 유지: 보호자의 행동이 일관되고 예측할 수 있을 때, 동물은 비로소 보호자를 신뢰하기 시작한다. 기분에 따라 반응이 달라지는 것이 아니라, 언제나 존중과 안정에 기반한 상호작용 패턴을 유지하는 것이 중요하다.

공감적 재훈련 모델의 철학

공감적 재훈련 모델은 전통적인 훈련 방식과 근본적인 철학을 달리한다. 이 모델은 다음의 원칙을 강조한다.

"보호자는 반려동물의 감정에 휩쓸려 '반응'하는 존재가 아니라, 스스로 안정의 기준을 세우고 그 안정감을 '제공'하는 존재가 되어야 한다."

이는 보호자가 동물의 감정을 무시하라는 의미가 아니다. 오히려 동물의 공포와 불안을 깊이 공감하고 인정하되, 그 감정에 함께 빠져드는 대신 한 걸음 물러서서 '나는 여기에 안전하게 있고, 너도 나와 함께 있으면 안전하다.'라는 메시지를 온몸으로 전달해야 한다는 뜻이다.

이처럼 안정된 감정은 전염된다. 보호자가 제공하는 일관된 안정감과 신뢰는 반려동물의 과민한 신경계를 진정시키는 가장 효과적인 외부 자극이다. 동물은 보호자라는 거울을 통해 자신의 감정을 조절하는 법을 배우고, 세상이 더 이상 두려운 곳만은 아닐 수 있다는 가능성을 발견한다. 이 과정을 통해 비로소 손상된 뇌의 신경회로를 재배선하고, 진정한 의미의 치유를 시작할 수 있게 된다.

트라우마 치유의 윤리와 장기적 지원 체계

반려동물의 트라우마 치유는 단순히 기술적인 훈련의 문제가 아니라, 한 생명의 고통을 다루는 깊은 윤리적 책임이 따르는 과정이다. 빠른 결과를 위해 동물의 심리적 한계를 넘어서는 행위는 치유가 아닌 2차 가해가 될 수 있다. 따라서 모든 개입 과정에는 명확한 윤리적 기준이 확립되고 준수되어야 한다.

치유 과정에서의 핵심 윤리 원칙

- 강압적·혐오적 훈련의 절대 금지: 목줄을 세게 당기는(leash correction), 소리를 지르는, 찌르거나 충격을 주는 도구를 사용하는 등 동물에게 공포나 고통을 유발하는 모든 방법은 트라우마를 악화시키고 신뢰 관계를 파괴하므로 절대 사용해서는 안 된다.
- 자극 노출의 기준 재정립: 탈감작 훈련 시 자극의 강도나 빈도보다 더 우선되어야 할 기준은 '동물의 통제 가능성(controllability)'이다. 동물이 스스로 상황을 피하거나 벗어날 수 있다는 선택권이 보장될 때, 자극에 대한 내성이 효과적으로 길러진다. 강제로 자극에 노출시키는 '플러딩(flooding)' 기법은 극도의 무력감을 학습시켜 상태를 악화시킬 수 있다.
- 동물의 의사 존중 및 거부 신호 수용: 훈련이나 상호작용 중 동물이 고개를 돌리거나, 자리를 피하거나, 으르렁거리는 등 거부 또는 불편의 신호를 보낼 경우, 이는 '나쁜 행동'이 아닌

명확한 의사 표현으로 존중받아야 한다. 보호자나 전문가는 즉시 개입을 중단하고, 계획을 재평가하여 동물의 심리적 안전선을 넘지 않았는지 점검해야 한다.

지속 가능한 치유를 위한 장기적 지원 체계

트라우마 치유는 단기간의 집중 훈련으로 완성되는 프로젝트가 아니다. 이는 한 생명이 평생에 걸쳐 안고 가야 할 상처를 관리하고, 더 나은 삶의 질을 유지할 수 있도록 돕는 지속적인 과정(ongoing process)이다. 이를 위해서는 개인의 노력을 넘어선 사회적 차원의 포괄적인 지원 체계가 필수적이다.

- 지속적 보호 및 관리: 트라우마를 겪은 동물은 환경 변화에 특히 취약하다. 안정된 가정에서 일관된 보살핌을 받는 것이 가장 중요하며, 재파양이나 잦은 환경 변화는 치유 노력을 수포로 돌릴 수 있다.

- 간헐적 재평가 및 전문가 지원: 시간이 지나면서 새로운 문제나 과거 문제의 재발이 나타날 수 있다. 정기적으로 전문 행동 치료사나 수의사의 자문을 받아 현재 상태를 재평가하고, 필요에 따라 개입 계획을 수정하는 것이 바람직하다.

- 사회적 보호 체계 구축

    - 보호소(Shelter): 입소 동물의 트라우마를 조기에 평가하고, 스트레스를 최소화하는 환경을 제공하며, 기본적인 안정화 프로그램을 운영해야 한다.

    - 입양 시스템: 동물의 트라우마 이력과 특성을 예비 입양인에게 투명하게 공개하고, 해당 동물을 돌보는 데 필요한 교육

과 사후 지원을 제공하는 시스템이 필요하다.

- 지역사회 프로그램: 트라우마 동물을 키우는 보호자들을 위한 지지 그룹, 저비용 상담 프로그램, 안전한 산책 공간 제공 등 지역사회 차원의 지원이 필요하다.

- 전문가 양성 및 교육: 트라우마에 대한 깊은 이해와 윤리적 접근법을 갖춘 전문 행동치료사, 훈련사, 수의사를 체계적으로 양성하고 지속적인 보수 교육을 해야 한다.

궁극적으로 트라우마 치유는 '문제가 있는 동물을 고치는 작업'이 아니다. 이는 '한 생명이 겪어온 고통스러운 과거를 이해하고, 훼손된 존엄성을 회복시키며, 남은 생을 최대한 평온하고 행복하게 살아갈 수 있도록 돕는 과정'이다. 이러한 철학적 기반 위에서만 진정한 의미의 치유와 공존이 가능하다.

Pet Behavioral Psychology

제9장

펫로스(Pet Loss)의 개념과 단계

　　본 장은 반려동물의 죽음 또는 상실을 경험한 보호자가 겪는 정서적 충격과 애도 과정을 심리학적·사회문화적 관점에서 통합적으로 조망한다. 이른바 '펫로스(Pet Loss)'는 단순한 이별이 아닌, 보호자에게 있어 의미 있는 타자의 상실이며, 이는 인간관계에서 애도와 다르지 않은 깊은 심리적 여파를 초래한다.

　반려동물은 오늘날 많은 이들에게 정서적 지지자, 심리적 애착 대상, 때로는 가족 그 자체로 존재한다. 따라서 이들과의 이별은 단순한 슬픔을 넘어, 정체성의 일부를 잃는 경험, 일상의 리듬 붕괴, 내면의 공허를 동반하는 복합적인 상실이다. 특히 '인간이 아닌 존재'와의 애도라는 점에서 사회적으로는 축소되거나 인정받지 못하는 경우도 많아, 펫로스는 때로 침묵된 슬픔(disenfranchised grief)으로 남는다.

펫로스의 개념과 심리학적 정의

펫로스(Pet Loss)는 단순히 반려동물의 죽음이라는 사건 자체를 넘어, 그로 인해 발생하는 보호자의 총체적인 상실 반응을 의미한다. 이는 애착 관계에 있던 반려동물과의 이별이 촉발하는 복합적인 정서적, 인지적, 행동적 변화를 포괄하는 심리학적 현상이다. 현대 사회에서 반려동물은 단순한 동물이 아닌 '가족의 구성원'으로 인식되므로, 펫로스는 인간 가족의 상실과 유사한 수준의 심리적 충격을 유발할 수 있다(Archer, 1997). 따라서 펫로스는 결코 가볍게 다룰 수 없는 경험이며, 심도 있는 이해와 사회적 지지가 요구된다.

심리학적 관점에서 펫로스는 다음과 같은 다차원적 의미를 지닌다. 첫째, 애착 대상 상실에 따른 정서적 붕괴이다. 보호자는 반려동물과 깊은 유대를 통해 정서적 안정감을 얻으므로, 그 상실은 극심한 슬픔, 불안, 공허감으로 이어진다. 둘째, 정체성의 일부가 사라지는 경험이다. '누군가의 보호자'라는 역할은 개인의 정체성에 중요한 부분을 차지하며, 반려동물의 부재는 이러한 자기 인식을 흔들고 존재론적 혼란을 일으킨다. 셋째, 일상의 구조가 무너지는 생활적 타격이다. 산책, 식사 준비, 놀이 등 반려동물과 함께하던 규칙적인 일과가 사라지면서 삶의 리듬이 깨지고 무력감을 느끼게 된다. 마지막으로, 펫로스는 자기효능감, 안전감, 애정 욕구의 동시적 상실을 의미한다. 생명을 돌보는 과정에서 느끼던 자기효능감, 반려동물이 제공하던 무조건적인 사랑과 안전감이 한순간에 사라지면서 심리적 기반이 약화되는 것이다. 이처럼 펫로스는 개인의 삶 전반에 깊은 영향을 미치는 중대한 사건으로, 전문적인 심리치료와 사회적 인식 개선이 필요한 독립적인 연구 영역으로 자리 잡고 있다.

9-2
펫로스 연구의 역사적 발전과 학문적 의의

펫로스에 관한 학문적 탐구는 비교적 최근에 이르러서야 심리학의 주요 연구 주제로 부상했다. 1970년대 이전까지 동물의 죽음은 주로 농업적·경제적 손실로 간주하였으며, 인간의 슬픔과는 무관한 것으로 여겨졌다. 그러나 사회 변화와 함께 동물의 지위가 격상되면서 펫로스 연구의 필요성이 대두되었다.

1970~80년대는 펫로스 연구의 태동기였다. 서구 사회에서 동물이 '소유물'에서 '반려자'로 변화하면서 '반려동물 상실'이라는 개념이 처음 등장했다. 이 시기에는 존 볼비(John Bowlby)의 애착 이론과 엘리자베스 퀴블러-로스(Elisabeth Kübler-Ross)의 애도 단계 이론을 인간-동물 관계에 적용하려는 초기 시도가 이루어졌다. 슬픔과 애도 연구자들이 펫로스를 인간의 사별 경험과 비교하며 초기 모델을 개발하기 시작했다.

1990년대에 들어서면서 동물보호 운동이 전 세계적으로 확산하였고, 이는 펫로스에 대한 사회적 인식을 높이는 계기가 되었다. 펫로스 상담이 전문 분야로 발전하기 시작했으며, 수의학, 임상심리학, 사회복지학 등 다양한 학문 분야에서 교차 연구가 활발히 진행되었다. 이 시기 연구들은 펫로스 경험이 개인의 정신건강에 미치는 영향을 실증적으로 규명하는 데 초점을 맞추었다.

2000년대 이후, 반려동물의 완전한 가족화, 노령 동물의 증가, 인간-동물 관계(Human-Animal Bond) 연구의 확장은 펫로스 연구를 새로운 차원으로 이끌었다. 펫로스는 더 이상 인간 애도 연구의 하위 분야가 아닌, 그 자체로 중요한 '애도 연구의 독립된 축'으로 자리매김했다. 펫로스 연구의 학문적 의의는 첫째, 애착과 상실이라는 인간의 보편적 정서 구조를 비인간 대상과의 관계를 통해 확장하여 이해하게 한다는 점이다. 둘째, 애착 이론을 새로운 맥락에 적용하여 그 타당성을 검증하고 발전시키는 계기를 제공한다. 셋째, 동물의 복지가 인간의 정신적 복지와 불가분의 관계에 있음을 밝힘으로써 동물 복지와 인간 복지의 연결고리를 제시한다. 마지막으로, 성숙한 반려 문화 발전을 위한 사회적, 정책적 기반을 마련하는 데 필수적인 연구 분야로서 그 중요성이 더욱 커지고 있다.

9-3
반려동물 상실이 인간 정서에 미치는 영향

반려동물의 상실은 보호자의 정서 세계에 깊고 광범위한 파장을 일으킨다. 이러한 반응은 단순한 슬픔을 넘어 개인의 심리적 안정성과 일상 기능 전반을 위협할 수 있다. 주요 정서적 영향은 다음과 같다.

- 급성 슬픔(Acute Grief): 상실 직후 경험하는 가장 즉각적이고 강렬한 반응으로, 깊은 애착을 형성했던 대상의 부재가 촉발하는 극심한 정서적 충격이다. 눈물, 비탄, 절망감 등이 통제할

수 없이 나타나며, 세상이 무너지는 듯한 감각을 경험할 수 있다.

- 정서적 고립(Emotional Isolation): 반려동물과의 관계는 매우 개인적이고 독특한 유대감을 기반으로 한다. 따라서 주변 사람들이 그 관계의 깊이를 이해하지 못할 경우, 보호자는 자신의 슬픔을 온전히 표현하거나 공감받지 못한다고 느끼게 된다. 이러한 '인정받지 못하는 슬픔(Disenfranchised Grief)'은 보호자를 더욱 깊은 고립감으로 몰아넣는다(Doka, 2002).

- 죄책감(Guilt): 펫로스 경험에서 가장 흔하고 고통스러운 감정 중 하나이다. "더 잘해줄걸", "그때 다른 선택을 했더라면", "나는 좋은 보호자가 아니었다."와 같은 자기를 비난하는 생각이 끊임없이 이어진다. 특히 안락사와 같이 보호자가 죽음에 대한 결정을 내려야 했던 경우, 죄책감은 더욱 증폭되어 나타난다.

- 무력감과 공허감(Helplessness and Emptiness): 반려동물은 일상의 중심축이자 활력의 원천이었다. 그 존재가 사라지면서 규칙적인 일과와 삶의 목적 일부가 함께 소멸한다. 이는 보호자에게 깊은 정서적 공백과 함께 무엇을 해야 할지 모르는 무력감을 안겨준다.

- 만성 스트레스 및 신체적 증상(Chronic Stress): 극심한 정서적 고통은 신체에도 영향을 미친다. 식욕 부진이나 폭식, 불면증이나 과다수면 등 수면 패턴의 붕괴, 집중력 저하, 만성 피로 등이 나타날 수 있다. 이러한 반응은 '당연한 슬픔'의 범주를 넘어 개인의 삶의 구조 전체를 흔드는 심각한 심리적 충격임을 시사한다.

Kübler-Ross의 애도 5단계 이론과 적용

정신과 의사 엘리자베스 퀴블러-로스(Elisabeth Kübler-Ross)가 그녀의 저서 『죽음과 죽어감(On Death and Dying)』(1969)에서 제시한 애도의 5단계 모델은 본래 말기 환자들이 자기 죽음을 받아들이는 과정을 설명하기 위해 개발되었으나, 이후 모든 종류의 상실 경험을 이해하는 보편적인 틀로 확장되었다. 이 이론은 펫로스를 겪는 보호자의 심리적 여정을 이해하는 데에도 매우 유용하게 적용될 수 있다.

1단계: 부정(Denial): "아니야, 이건 꿈일 거야.", "곧 돌아올 거야." 상실의 충격이 너무 커서 현실을 그대로 받아들이기 어려운 초기 방어 단계이다. 보호자는 반려동물이 여전히 살아있는 것처럼 행동하거나, 죽음의 사실 자체를 인지적으로 거부하려 한다. 이는 압도적인 고통으로부터 자신을 보호하려는 무의식적인 심리적 방어기제이다.

2단계: 분노(Anger): "왜 하필 내게 이런 일이!", "수의사가 제대로 치료하지 않았어!" 부정의 단계가 무너지면서 상실의 고통이 분노의 감정으로 표출되는 단계이다. 분노는 자기 자신, 수의사, 가족, 혹은 신이나 운명과 같은 추상적인 대상을 향할 수 있다. 이는 슬픔의 또 다른 표현 방식이며, 통제 불가능한 상황에 대한 좌절감의 표출이다.

3단계: 타협(Bargaining): "만약 내가 더 빨리 병원에 데려갔다면…", "내 수명을 주는 대신 시간을 되돌릴 수만 있다면…" 어떻게 든 상실을 되돌리거나 피하고 싶은 마음에 초자연적인 존재나 운명과 협상을 시도하는 단계이다. 과거의 행동을 반복적으로 곱씹으며 '만약'이라는 가정을 통해 다른 결과를 상상하며 고통을 지연시키려 한다.

4단계: 우울(Depression): 상실의 현실을 더 이상 피할 수 없게 되면서 깊은 슬픔, 무기력, 절망감이 지배하는 단계이다. 보호자는 사회적으로 위축되고 일상생활에 대한 흥미를 잃으며, 반려동물과의 추억에 잠겨 극심한 공허함을 느낀다. 이는 상실을 온전히 직면하며 애도하는 필수적인 과정이다.

5단계: 수용(Acceptance): 슬픔이 완전히 사라지는 것이 아니라, 상실의 현실을 인정하고 그 감정과 함께 살아가는 법을 배우는 단계이다. 반려동물이 없는 새로운 현실에 적응하고, 고통스러운 기억을 소중한 추억으로 전환하며 삶의 의미를 재구성하게 된다. 수용은 '극복'이 아닌 '통합'의 과정이다.

중요한 점은 이 5단계가 모든 사람에게 순서대로 나타나는 것이 아니라는 사실이다. 개인의 성향, 상황, 관계의 깊이에 따라 단계가 중첩되거나, 역행하거나, 특정 단계에 오래 머무는 등 매우 다양한 양상으로 나타난다.

보호자 반응 유형: 부정·분노·죄책·수용의 단계

펫로스에 대한 보호자의 애도 반응은 개인의 성격, 기존의 애착 스타일, 반려동물과의 관계 깊이, 그리고 상실의 상황에 따라 매우 다양하게 나타난다. 이러한 반응들은 Kübler-Ross의 5단계 모델과 연결되면서도, 개인의 주된 감정 표현 방식에 따라 몇 가지 유형으로 분류해 볼 수 있다. 이 모든 반응은 애착의 깊이를 반영하는 자연스러운 심리적 대응이며, '정상 범위' 안에 있다.

- 부정형(Denial-focused): 상실의 현실을 받아들이길 강하게 거부하는 유형이다. 반려동물이 사용하던 물건, 장난감, 밥그릇 등을 치우지 못하고 마치 살아있는 것처럼 유지한다. 사진을 보며 대화를 걸거나, 현관문 소리가 날 때마다 반려동물이 마중 나올 것이라 기대하는 행동을 보인다. 이는 급작스러운 상실의 충격을 완화하기 위한 방어기제가 강하게 작동하는 경우이다.

- 분노형(Anger-focused): 슬픔과 무력감을 분노로 표출하는 유형이다. 반려동물의 죽음 원인을 집요하게 분석하며 의료 과실을 의심하거나, 특정 사건이나 인물에게 책임을 전가하려 한다. 자기 자신에게 분노를 표출하며 자신을 스스로 가혹하게 책망하기도 한다. 이는 통제력을 상실한 상황에서 어떻게든 원인을 찾아내고 상황을 이해하려는 시도의 일환일 수 있다.

- 죄책형(Guilt-focused): 자기 비난과 후회가 애도 과정의 중심을 이루는 유형이다. "더 좋은 사료를 먹일걸", "산책을 더 자주

시켜줄걸."과 같은 사소한 과거의 행동부터 안락사 결정과 같은 중대한 선택에 이르기까지, 자신의 모든 결정과 행동을 되짚으며 깊은 죄책감에 시달린다. 이는 반려동물에 대한 강한 책임감과 사랑이 역설적으로 자신을 공격하는 형태로 나타나는 것이다.

- 침묵형(Silent/Suppressed): 겉으로는 슬픔을 드러내지 않고 빠르게 일상으로 복귀하려는 유형이다. 감정을 억누르고 괜찮은 척 행동하지만, 내면에서는 깊은 고통을 겪고 있을 수 있다. 사회적으로 펫로스에 대한 슬픔이 인정받지 못하는 분위기 속에서 자신의 감정을 표현하는 것을 주저하는 경우에 많이 나타난다. 이러한 억압된 슬픔은 후에 '지연된 애도 반응(Delayed Grief)'으로 나타나거나 신체적 증상으로 발현될 수 있다.

- 수용형(Acceptance-oriented): 슬픔을 충분히 느끼면서도, 상실을 삶의 일부로 받아들이고 긍정적으로 통합하려는 경향을 보이는 유형이다. 반려동물과의 아름다운 기억을 소중히 간직하고, 그 존재가 자신의 삶에 남긴 긍정적인 의미를 재구성하려 노력한다. 이 유형의 보호자들은 슬픔을 회피하지 않고 직면함으로써 점진적으로 새로운 균형을 찾아간다.

9-6
상실 경험의 개인차와 애도 과정의 다양성

펫로스는 결코 획일적인 경험이 아니다. 애도의 강도, 기간, 양상은 지극히 개인적이며 다양한 요인에 의해 결정된다. 따라서 "시간이 약이다." 또는 "곧 괜찮아질 것이다."와 같은 섣부른 위로는 오히려 상처가 될 수 있다. 애도 과정의 다양성을 인정하는 것이 치유의 첫걸음이다. 개인차를 유발하는 주요 요인은 다음과 같다.

- 관계의 깊이와 역할: 보호자가 반려동물을 어떤 존재로 인식했는지가 가장 중요한 변수이다. 단순한 동물을 넘어 자녀, 친구, 혹은 유일한 정서적 지지체계로 여겼다면 상실의 충격은 훨씬 크다. 특히 1인 가구나 노년층에게 반려동물은 삶의 동반자 그 자체이므로, 그 상실은 존재의 일부를 잃는 것과 같다.

- 상실의 방식: 반려동물이 어떻게 죽음을 맞이했는지도 애도 과정에 큰 영향을 미친다. 노환으로 인한 자연사는 예견된 이별로서 '예비 애도(Anticipatory Grief)'를 통해 충격을 완화할 시간을 주지만, 갑작스러운 사고나 질병으로 인한 죽음은 트라우마를 남길 수 있다. 특히 보호자가 직접 안락사를 결정해야 했던 경우, 죄책감과 슬픔이 복합적으로 작용하여 애도 과정을 더욱 힘들게 만든다(Lagoni et al. 1994).

- 개인의 성향과 심리적 자원: 개인의 성격(내향/외향), 스트레스 대처 방식, 회복탄력성(resilience) 등은 애도 과정의 속도와 방향을 결정한다. 과거 다른 상실 경험이나 우울증 병력이 있는 경우 펫로스에 더 취약할 수 있다. 안정적인 애착 유형을 가진 사람은 불안정 애착 유형을 가진 사람보다 애도 과정에서 더 건강하게 대처하는 경향이 있다.

- 사회적 지지 체계: 펫로스에 대한 사회적 인식과 주변의 지지는 애도 과정에서 결정적인 역할을 한다. 가족, 친구, 동료가

보호자의 슬픔을 인정하고 공감해 줄 때, 보호자는 고립되지
않고 자신의 감정을 안전하게 표현할 수 있다. 반면, "동물일
뿐인데 뭘 그렇게 슬퍼해"와 같은 반응은 슬픔을 억압하게 만
들어 '인정받지 못하는 슬픔'을 야기하고 회복을 방해한다.

결론적으로, 애도에는 정해진 기간이나 올바른 방식이 없다. 각자
의 속도와 방식으로 진행되는 고유한 여정임을 이해하고 존중하는
태도가 무엇보다 중요하다.

9-7
애도 반응의 병리화: 복합 애도와 우울 증상

대부분의 보호자는 시간이 지남에 따라 자연스럽게 애도 과정을
거쳐 회복에 이르지만, 일부는 정상적인 애도의 범주를 넘어 병리적
인 심리 상태로 발전할 수 있다. 이러한 경우, 펫로스는 단순한 감정
의 문제를 넘어 임상적 개입이 필요한 정신건강 문제로 간주하여야
한다.

복합 애도(Complicated Grief)

복합 애도, 또는 지속성 복합 사별 장애(Persistent Complex
Bereavement Disorder)는 상실 후 6개월(아동과 청소년의 경우) 또는
12개월(성인의 경우) 이상 극심한 슬픔과 상실에 대한 집착에서 벗어
나지 못하고, 이로 인해 사회적, 직업적 기능에 심각한 저하가 지속

되는 상태를 말한다(American Psychiatric Association, 2013). 펫로스 맥락에서 복합 애도를 겪는 보호자는 반려동물이 없는 현실을 받아들이지 못하고, 죽음과 관련된 생각에 강박적으로 몰두하며, 미래에 대한 희망을 상실한다. 일상생활에 대한 흥미와 즐거움을 완전히 잃고, 마치 삶이 반려동물과 함께 끝나버린 것처럼 행동한다. 이는 정상적인 애도 반응이 '정체'되어 만성화된 상태로, 전문적인 상담이나 심리치료가 필요하다.

우울증적 반응(Depressive Symptoms)

펫로스로 인한 슬픔은 주요 우울장애(Major Depressive Disorder)의 증상과 상당 부분 겹친다. 깊은 슬픔, 무기력감, 식욕 및 수면 변화, 흥미 상실 등은 정상적인 애도 과정에서도 나타날 수 있다. 그러나 이러한 증상이 일상생활을 심각하게 방해할 정도로 지속되고, 특히 자기 자신을 무가치하게 여기는 감정, 극심한 죄책감, 죽음이나 자살에 대한 반복적인 생각으로 이어진다면 임상적 우울증을 의심해야 한다. 애도와 우울증의 핵심적인 차이는 자존감의 손상 여부에 있다. 정상적인 애도에서는 슬픔 속에서도 자신의 가치를 유지하지만, 우울증에서는 자기 비하와 무가치함이 두드러진다.

트라우마 기반 상실(Trauma-based Loss)

반려동물의 죽음이 교통사고, 동물 학대, 갑작스러운 발작 등 충격적이고 폭력적인 방식으로 일어났을 경우, 보호자는 외상 후 스트레스 장애(PTSD)와 유사한 증상을 경험할 수 있다. 이러한 트라우마 기반 상실은 다음과 같은 특징을 보인다.

- 재경험(Re-experiencing): 사고 장면이나 반려동물의 고통스러운 모습이 반복적으로 떠오르는 플래시백, 악몽 등을 경험한다.
- 회피(Avoidance): 죽음과 관련된 장소, 사람, 대화를 의식적으로 피하려 한다.
- 부정적 인지 및 감정 변화: 타인과 세상에 대한 불신이 커지고, 지속적인 공포, 분노, 죄책감을 느낀다.
- 과각성(Hyperarousal): 항상 긴장하고 경계하며, 작은 자극에도 쉽게 놀라고 수면에 어려움을 겪는다.

이처럼 펫로스 반응이 병리적 수준에 이르렀다고 판단될 경우, 보호자 스스로 감정을 해결하려 하기보다는 정신건강 전문가의 도움을 받아 정확한 진단과 적절한 치료를 받는 것이 매우 중요하다.

9-8
반려동물 죽음의 사회문화적 의미

반려동물 죽음에 대한 사회문화적 의미와 그에 대한 반응은 시대의 흐름에 따라 극적으로 변화해 왔다. 과거와 현재의 인식 차이를 비교하는 것은 펫로스 경험의 본질을 이해하는 데 중요한 단서를 제공한다.

과거의 사회적 의미: 동물의 죽음=자연적·가벼운 사건
전통적인 농경 사회나 산업화 초기 사회에서 동물은 주로 기능적·

도구적 존재로 인식되었다. 가축은 재산이었고, 개는 집을 지키는 역할을 했다. 이러한 맥락에서 동물의 죽음은 슬픔의 대상이라기보다는 경제적 손실이나 자연스러운 생명의 순환 과정으로 받아들여졌다. 따라서 반려동물의 죽음에 대해 깊은 슬픔을 표현하는 것은 '과잉 감정'으로 치부되거나 심지어 비정상적인 행동으로 여겨지기도 했다. 이러한 사회적 분위기는 보호자들이 자신의 슬픔을 숨기도록 만들었고, 애도 표현은 금기시되었다. 펫로스는 공식적인 애도의 대상이 되지 못하는 '인정받지 못하는 슬픔'의 대표적인 예였다.

현대의 사회적 의미: 반려동물 = 정서적 가족

핵가족화, 1인 가구의 증가, 도시화 등 현대 사회의 구조적 변화는 인간과 동물의 관계를 근본적으로 재정의했다. 반려동물은 더 이상 기능적 존재가 아닌, 인간에게 정서적 안정감과 친밀감을 제공하는 '가족 구성원'으로 자리 잡았다. '반려(伴侶)'라는 용어 자체가 '짝이 되는 동무'라는 의미를 담고 있듯, 현대인에게 반려동물은 삶의 동반자이다. 이러한 인식의 변화에 따라 반려동물의 상실은 더 이상 가벼운 사건이 아니다. 그것은 삶의 한 부분이 아니라, 존재의 일부분을 잃는 경험으로 재해석되고 있다. 보호자들은 반려동물의 죽음을 인간 가족의 죽음과 동일한 무게로 경험하며, 그에 합당한 애도 과정이 필요하다. 이에 따라 반려동물 장례 문화가 확산하고, 펫로스 상담이 전문 분야로 인정받는 등 펫로스를 사회적으로 공인하려는 움직임이 확산하고 있다. 펫로스는 이제 개인의 사적인 슬픔을 넘어, 사회문화적 차원에서 공식적인 애도의 대상으로 인정받아야 한다는 논의가 활발하게 이루어지고 있다.

9-9

펫로스 인식의 세대·성별·문화적 차이

펫로스에 대한 인식과 경험 방식은 개인의 배경에 따라 상이하게 나타난다. 특히 세대, 성별, 문화는 중요한 변수로 작용한다. 이러한 차이를 이해하는 것은 효과적인 펫로스 지원 체계를 설계하는 데 필수적인 기반이 된다.

세대별 차이

기성세대는 동물을 '재산'이나 '가축'에 가깝게 보았던 시대를 경험했기 때문에, 반려동물을 의인화하고 가족처럼 여기는 것에 대해 상대적으로 거리감을 느낄 수 있다. 이들에게 동물의 죽음은 자연의 섭리다. 이에 대한 과도한 슬픔 표현을 이해하지 못하는 경향이 있다. 반면, MZ세대 및 Z세대는 어린 시절부터 반려동물을 가족의 일원으로 여기는 문화 속에서 성장했다. 이들에게 반려동물은 형제자매나 자녀와 같은 존재이며, SNS 등을 통해 반려동물과의 유대를 적극적으로 표현한다. 따라서 이들 세대는 펫로스를 경험했을 때 더 깊은 상실감을 느끼고, 자신의 슬픔을 표현하고 공유하며 사회적 지지를 구하는 데 더 적극적인 경향을 보인다.

성별 차이

펫로스 경험에서 성별 차이가 나타난다는 연구들이 존재한다. 일반적으로 여성이 남성보다 반려동물과의 애착 관계를 더 강하게 형성하고, 상실 후 슬픔, 우울, 불안과 같은 감정을 더 강렬하게 경험하며 이를 더 적극적으로 표현하는 경향이 있다(Adams et al. 2000). 이는 생물학적 차이라기보다는 사회화 과정의 차이로 설명될 수 있다. 전통적으로 여성은 감정을 표현하고 관계를 돌보는 역할에 더 익숙하도록 사회화된 반면, 남성은 슬픔과 같은 감정을 억누르고 강인한 모습을 보여야 한다는 사회적 압박을 받기 때문이다. 따라서 남성 보호자는 슬픔을 내면에 담아두는 '침묵형' 애도를 겪을 가능성이 더 높으며, 이는 다른 형태의 문제(예: 알코올 의존)로 이어질 위험이 있다.

문화적 차이

펫로스에 대한 태도는 문화권에 따라서도 큰 차이를 보인다. 서구와 같은 개인주의 사회에서는 개인의 정서적 경험이 중시되므로, 반려동물과 깊은 개인적 유대가 형성될 가능성이 높다. 이는 상실 시 더 큰 슬픔을 경험하게 만드는 요인이 되기도 하지만, 동시에 펫로스 상담과 같은 개인화된 지원 시스템이 발달하는 배경이 된다. 반면, 아시아 일부 국가와 같은 공동체 문화에서는 가족이나 지역 사회의 의례와 의식이 애도 과정에서 중요한 역할을 할 수 있다. 반려동물 합동 장례식이나 추모 의식 등은 개인의 슬픔을 공동체가 함께 나누고 위로하는 기제가 되어 회복을 돕는다. 그러나 동시에 공동체의 인식이 개인의 슬픔 표현을 억압하는 요인으로 작용할 수도 있다. 이처럼 각 문화가 가진 고유한 애도 방식과 사회적 규범은 펫로스 경험의 양상을 결정하는 중요한 요소이다.

펫로스 연구의 새로운 패러다임과 미래 방향

펫로스 연구는 인간-동물 관계의 심층적 이해를 바탕으로 새로운 패러다임으로 확장되고 있다. 과거의 현상 기술적 연구를 넘어, 이제는 더 체계적이고 통합적인 접근을 통해 보호자를 실질적으로 지원하고 사회적 시스템을 구축하는 방향으로 나아가고 있다. 미래 펫로스 연구의 주요 방향은 다음과 같다.

- 애착 이론 기반 평가 도구의 개발: 보호자와 반려동물 간의 애착 관계의 질과 구조를 정량적으로 측정하는 신뢰도 높은 심리 평가 도구 개발이 활발히 이루어지고 있다. 이를 통해 펫로스 이후 고위험군(예: 복합 애도 가능성이 높은 보호자)을 조기에 선별하고 맞춤형 개입을 제공할 수 있게 될 것이다.

- 디지털 애도 문화 연구: 현대 사회에서 애도는 온라인 공간으로 확장되고 있다. 온라인 추모관, SNS를 통한 추모 게시글, 반려동물의 디지털 기록(사진, 영상)이 애도 과정에 미치는 긍정적 및 부정적 영향을 분석하는 연구가 필요하다. 디지털 애도가 사회적 지지를 강화하는지, 혹은 오히려 상실감에 더 집착하게 만드는지에 대한 심층 분석이 요구된다.

- 수의학·심리학·사회복지의 통합 모델 구축: 펫로스는 의료적(안락사 결정), 정서적(애도), 사회적(장례, 지지 그룹) 차원이 복합된 사건이다. 따라서 각 분야 전문가가 협력하는 통합 지원 체계 구축이 시급하다. 동물병원 내에 펫로스 상담사를 배치하여 안락사 결정 과정부터 사후 애도까지 보호자를 지원하고, 지역

사회 복지 기관과 연계하여 지속적인 지지 그룹을 운영하는 모
델이 대표적이다.

- 장기적 애도 과정에 대한 종단 연구: 대부분의 연구가 상실 직
후의 단기적 반응에 초점을 맞추고 있다. 앞으로는 펫로스 경
험이 수년 혹은 수십 년에 걸쳐 개인의 삶의 태도, 정체성, 새
로운 대인관계 및 동물과의 관계 형성에 어떤 영향을 미치는지
추적하는 장기적인 종단 연구가 필요하다.
- 정책 기반의 애도 지원 시스템 마련: 펫로스를 개인의 문제를
넘어 사회적 문제로 인식하고, 정책적 지원을 마련하는 노력이
필요하다. 예를 들어, 지방자치단체 차원에서 펫로스 교육 프
로그램을 제공하거나, 반려동물 장례 후 보호자에게 단기적인
'애도 휴가'를 부여하는 방안 등을 사회적으로 논의할 수 있다.

결론적으로, 펫로스 연구는 더 이상 '이별의 이야기'에 머무르지 않
는다. 이는 인간이 애착, 사랑, 그리고 상실이라는 보편적 경험을 어떻
게 구성하고 의미를 부여하는지에 대한 근본적인 질문을 던지는 폭넓
은 심리학적 탐구로 발전하고 있다. 이러한 연구는 궁극적으로 인간
과 동물이 더 건강하게 공존하는 사회를 만드는 데 기여할 것이다.

Pet Behavioral Psychology

제10장

펫로스 상담과
치유 심리

본 장은 펫로스를 경험한 보호자가 겪는 정서적 고통을 이해하고, 심리적 회복을 위한 상담적 개입과 치유적 환경 조성의 중요성을 고찰한다. 반려동물과의 이별은 단순한 '동물 상실'이 아니라, 정서적 애착 대상, 삶의 리듬, 자기 정체성 일부를 잃는 복합적인 심리적 트라우마로 작용한다. 이로 인해 펫로스를 겪는 보호자는 우울, 외로움, 죄책감, 공허감 등 심리적 증후군을 복합적으로 경험하며, 이는 전문적 개입과 회복 촉진이 필요하다.

특히 펫로스는 인간 상실과 달리, 사회적으로 충분한 애도나 공감이 보장되지 않는 경우가 많아 '인정받지 못한 슬픔(disenfranchised grief)'으로 분류된다. 따라서 상담자는 단지 감정을 듣는 것을 넘어서, 애도의 권리를 회복하고, 상실을 의미화하며, 새로운 삶의 서사를 함께 재구성하는 동반자 역할을 해야 한다.

펫로스 상담의 개념과 필요성

　펫로스 상담(Pet Loss Counseling)은 반려동물의 상실을 경험한 개인이 겪는 복합적인 심리적 고통을 다루기 위한 전문적 개입을 의미한다. 이는 단순한 위로를 넘어, 상실로 인해 촉발된 정서적 붕괴, 극심한 죄책감, 존재론적 공허감, 그리고 애착 기반의 불안 등을 체계적으로 탐색하고 완화하는 심리치료의 한 분야이다. 현대 사회에서 반려동물은 더 이상 단순한 동물이 아닌, 가족 구성원이자 깊은 정서적 유대를 맺는 동반자(Companion Animal)로 인식된다. 따라서 그들의 죽음은 개인의 삶에 깊은 균열을 남기는 중대한 사건이다.

　반려동물의 죽음은 종종 사회적으로 '인정받지 못하는 슬픔(Disenfranchised Grief)'으로 치부되어 '작은 이별'로 축소되곤 한다. 그러나 실제 보호자가 경험하는 상실은 다음과 같은 다층적이고 복합적인 손실을 내포한다.

- 정서적 상실: 조건 없는 사랑과 비판단적 지지를 제공하던 존재의 부재로 인한 깊은 슬픔과 애정 결핍을 경험한다. 이는 개인의 정서적 안정 시스템에 심각한 타격을 준다.
- 생활 루틴의 붕괴: 아침 산책, 사료 주기, 함께 잠들기 등 반려동물과 함께하던 일상의 모든 리듬이 무너지면서 삶의 구조와 안정감이 송두리째 흔들린다.
- 정체성 혼란: '보호자' 또는 '반려인'으로서의 역할이 사라지면서 "나는 이제 누구인가?"라는 실존적 질문에 직면하게 된다. 이는 특히 반려동물이 삶의 중심이었던 경우 더욱 심각하게

나타난다.

- 부재한 사회적 지지로 인한 고립: 우리 사회는 사람의 죽음에 대해서는 장례, 추모 휴가 등 공식적인 애도 구조를 제공하지만, 반려동물 상실에는 동일한 장치를 마련하지 않는다. "그깟 동물 때문에"라는 식의 몰이해는 보호자를 더욱 깊은 사적 고립으로 몰아넣고, 자신의 슬픔이 비정상적이거나 과도하다는 자책감을 심화시킨다.

이러한 맥락에서 펫로스 상담은 단순한 슬픔 관리를 넘어, 상실을 건강하게 통합하는 과정의 핵심 지원 시스템으로 기능한다. 상담은 내담자가 자신의 슬픔을 정상적인 반응으로 받아들이도록 돕고(상실의 정상화), 비합리적인 자기 비난에서 벗어나도록 지원하며(자기 비난 완화), 억압되었던 다양한 감정을 안전하게 표출하고 통합하도록 돕는다(감정 통합). 궁극적으로는 상실이라는 사건을 삶의 일부로 받아들이고 새로운 의미를 부여하는 '의미 재구조화'를 통해 내면의 힘을 회복하도록 안내하는 필수적인 치유의 여정이라 할 수 있다.

10-2
상실의 재구조화(Reconstruction) 과정

상실의 재구조화(Reconstruction of Loss)란, 반려동물의 죽음이라는 돌이킬 수 없고 고통스러운 사건을 개인의 정서, 기억, 그리고 삶의 서사 속에서 새롭게 해석하고 건강하게 재배치하는 능동적인 심리 과정을 의미한다. 이는 단순히 슬픔을 억누르거나 시간을 보내며 잊는 소극적 대처가 아니라, 상실을 자신의 인생 이야기의 한 부분으로 통합하여 성장의 발판으로 삼는 적극적인 치유 작업이다. 상담 과정에서 재구조화는 내담자가 무너진 내면세계를 스스로 재건하도록 돕는 핵심 목표가 된다.

재구조화의 과정은 일반적으로 다음과 같은 주요 단계를 거치며, 각 단계는 상호 영향을 주고받으며 순환적으로 진행될 수 있다.

1단계: 사건의 현실적 수용(Accepting the Reality of the Loss)

- '그 일이 실제로 일어났다.'라는 사실을 인지적 차원뿐만 아니라 정서적 차원에서도 온전히 받아들이는 단계이다. 초기 충격과 부정의 단계를 지나, 반려동물이 더 이상 물리적으로 존재하지 않는다는 현실을 직면하는 과정이다. 이는 고통스럽지만, 치유의 여정을 시작하기 위한 필수적인 첫걸음이다.

2단계: 감정의 안전한 표출(Processing the Pain of Grief)

- 슬픔, 분노, 죄책감, 두려움, 공허함 등 상실과 함께 밀려오는 복잡하고 강렬한 정서들을 억압하거나 회피하지 않고 안전한 환경에서 충분히 경험하고 표현하는 단계이다. 상담사는 내담자가 자신의 감정을 판단 없이 바라보고 언어화하도록 도우며, 이러한 감정들이 지극히 정상적인 반응임을 확인시켜 준다.

3단계: 관계의 재해석(Reinterpreting the Relationship)

- 이 단계는 의미 찾기(Meaning-making)의 핵심 과정이다. 반

려동물과 함께했던 시간, 자신이 제공했던 돌봄의 방식, 그리고 안락사와 같은 마지막 결정들에 대해 새로운 의미를 부여하는 작업이다. '내가 부족해서'라는 죄책감의 프레임에서 벗어나, '나는 최선을 다해 사랑했다.'라는 긍정적 서사로 전환하는 과정이다. 이를 통해 고통스러운 기억이 따뜻한 추억으로 재구성될 수 있다.

4단계: 상실 이후 삶의 재정립(Adjusting to a World without the Deceased)

- 반려동물이 없는 일상을 새롭게 설계하고, 변화된 환경에 적응해 나가는 단계이다. 동시에, 물리적 관계는 끝났지만 심리적 유대는 기억과 사랑 속에서 영원히 지속된다는 '지속적 유대(Continuing Bonds)' 개념을 통해 반려동물과 '새로운 관계'를 형성한다. 이는 반려동물을 잊는 것이 아니라, 마음속에 영원한 동반자로 자리매김하게 하는 과정이다.

결론적으로, 상실 재구조화의 핵심은 반려동물을 '잊는 것(forgetting)'이 아니라, 고통스러운 상실의 경험을 삶의 일부로 온전히 '통합하는 것(integrating)'에 있다. 이 과정을 통해 내담자는 상실로 인해 훼손되었던 자기 자신에 대한 신뢰를 회복하고, 삶을 지속해 나갈 내면의 힘과 지혜를 얻게 된다.

10-3

애도 단계별 심리치료 접근

펫로스 애도 과정은 개인마다 고유하지만, 보편적으로 나타나는 심리적 반응의 패턴이 존재한다. 큐블러-로스(Kübler-Ross)의 애도 5단계 모델을 기반으로 단계별 내담자의 심리 상태를 이해하고, 그에 맞는 차별화된 상담 개입 전략을 적용하는 것은 매우 중요하다. 다만, 상담가는 이 단계들이 반드시 선형적으로 진행되지 않으며, 개인에 따라 단계를 건너뛰거나 특정 단계에 오래 머물고, 심지어 이전 단계로 후퇴하는 과정이 지극히 자연스러운 현상임을 지속적으로 내담자에게 설명하고 안심시켜야 한다.

단계별 목표 및 핵심 개입 전략

1) 부정 단계(Denial)

- 심리 상태: 충격, 마비, 현실감 상실. "이건 꿈일 거야", "아직 살아있는 것 같아." 같은 반응을 보인다.
- 목표: 현실을 안전하게 수용할 수 있도록 정서적 완충지대 제공 및 안정감 확보.
- 개입: 지지적 대화를 통해 내담자의 충격을 충분히 공감하고, 상실 사건(예: 병원에서의 마지막 순간, 장례 절차)을 차분히 회상하며 팩트 검증(Fact-checking)을 돕는다. 슬픔, 혼란 등 현재 느끼는 감정에 이름을 붙여주는 감정 명명(Labeling) 기법을 통해 혼란을 줄여준다.

2) 분노 단계(Anger)

- 심리 상태: "왜 하필 나에게", "그 의사가 제대로 치료하지 않았어." 등 분노가 수의사, 가족, 신, 혹은 자기 자신 등 특정 대상에게 향한다.
- 목표: 분노의 대상과 감정의 근원적 구조를 안전하게 탐색하고 파괴적이지 않은 방식으로 표현하도록 돕는다.
- 개입: 분노 자체를 문제시하지 않고, 그 이면에 숨겨진 깊은 슬픔, 무력감, 상실감을 탐색한다. 감정 분리 훈련을 통해 분노와 슬픔을 구분하도록 돕고, 분노가 자신을 보호하려는 기능이 있음을 이해시킨다. 자기 비난과 타인 비난 사이의 균형을 조정하며 책임 소재를 현실적으로 재평가하도록 안내한다.

3) 타협(죄책) 단계(Bargaining & Guilt)

- 심리 상태: "만약 그때 내가 ~했다면….."이라는 후회와 자책이 지배적이다. 펫로스에서 가장 강렬하게 나타나는 단계 중 하나이다.
- 목표: 과거 상황에 대한 왜곡된 책임감과 비합리적 죄책감을 완화한다.
- 개입: 인지 재구조화(Cognitive Restructuring)를 통해 "내가 병원을 늦게 데려가서 죽었다"와 같은 자동적 사고에 도전한다. "그 상황에서 당신이 알 수 있었던 정보는 무엇이었나요?", "최선의 결정이라고 생각했던 이유는 무엇인가요?" 같은 치료적 질문을 통해 선택 과정의 맥락을 객관적으로 재검토하도록 돕는다.

4) 우울 단계(Depression)

- 심리 상태: 깊은 슬픔, 무기력감, 공허함, 사회적 고립, 일상 기능 저하.
- 목표: 정서적 고립감을 해소하고 무너진 일상 기능을 점진적으로 회복하도록 지원한다.
- 개입: 아침에 일어나 물 한 잔 마시기, 5분 산책하기 등 아주 작은 루틴을 재건하도록 격려하는 행동 활성화(Behavioral Activation) 기법을 사용한다. 펫로스 커뮤니티나 이해해 주는 지인 등 사회적 지지망과 연결하여 고립감을 줄여준다.

5) 수용 단계(Acceptance)

- 심리 상태: 상실의 현실을 온전히 받아들이고, 감정적 혼란이 잦아든다. 슬픔이 사라진 것이 아니라, 삶의 일부로 통합된다.
- 목표: 상실 이후의 삶에서 새로운 의미와 목적을 찾고, 건강한 애도를 마무리하도록 돕는다.
- 개입: 반려동물을 기리는 기념 의례(Memorial Ritual) 제안(예: 추모 앨범 제작, 기일 챙기기, 유기 동물 보호소에 기부), 내담자가 가진 내적, 외적 심리적 자원 탐색, 그리고 반려동물과의 추억을 자양분 삼아 앞으로의 미래를 긍정적으로 구상하도록 격려한다.

내담자 유형별 상담 전략과 적용 사례

펫로스를 경험한 내담자들은 각기 다른 정서 구조, 애착 방식, 그리고 방어기제를 가지고 상실에 반응한다. 따라서 성공적인 상담을 위해서는 내담자의 고유한 특성을 파악하고 그에 맞는 맞춤형 전략을 적용하는 것이 필수적이다. 펫로스 내담자는 대처 방식에 따라 크게 4가지 유형으로 분류할 수 있으며, 각 유형에 맞는 개입 전략을 정확히 매칭하는 것이 상담 효과를 극대화하는 열쇠가 된다.

1) 회피형 조절자(Avoidant Regulator)

특징: 감정 표현을 극도로 억제하며, 이성적이고 논리적인 태도를 유지한다. "괜찮다", "어쩔 수 없는 일이다."라는 표현을 반복하며 슬픔을 드러내지 않으려 한다. 상실과 관련된 대화를 피하고, 일이나 다른 활동에 몰두하여 감정적 고통을 회피한다.

전략: 직접적으로 감정을 다그치기보다 비지시적 대화 기법을 통해 내담자가 스스로 이야기를 꺼내도록 안전한 공간을 제공한다. 신체 감각(가슴 답답함, 불면 등)을 통해 간접적으로 감정에 접근하고, "슬퍼해도 괜찮다."라는 메시지로 감정 인정 훈련을 실시한다. 그림, 글쓰기 등 상징적 표현 기법을 활용하여 언어화하기 어려운 감정을 탐색하도록 돕는다.

사례: 반려동물 장례식 직후 곧바로 업무에 복귀하며 평소처럼 행동했지만, 밤마다 원인 모를 불면증과 악몽에 시달리던 30대 남성. 상담 초기에는 사실관계만 건조하게 설명했으나, '기억 상자 만들기'

활동을 통해 반려동물의 물건을 만지며 참아왔던 눈물을 터뜨리고
애도 과정을 시작할 수 있었다.

2) 과몰입형 애도자(Over-involved Mourner)

- 특징: 상실의 고통에 압도되어 일상의 모든 기능이 마비된다. 극도의 무기력감, 식욕 부진, 수면장애를 보이며, 상실을 삶의 전부로 받아들여 헤어 나오지 못한다. 죄책감과 후회에 반복적으로 사로잡혀 사회적으로 고립된다.
- 전략: 먼저 내담자의 슬픔을 충분히 공감하며 라포를 형성한 후, 애도와 일상 사이의 정서적 경계 설정을 돕는다. '하루 10분 슬퍼하기'처럼 애도 시간을 의식적으로 조절하는 훈련을 한다. 자기돌봄 루틴(식사, 수면, 산책) 구축을 통해 무너진 삶의 구조를 회복시키고, 인지행동치료 기법으로 과거 사건을 재구조화하여 죄책감을 완화한다.
- 사례: 반려동물 사후 한 달간 집 밖으로 나가지 않고 식사를 거부하며 사회적 기능이 심각하게 저하된 20대 여성. 상담을 통해 매일 정해진 시간에 반려동물의 사진을 보며 그리워하고, 그 외의 시간에는 작은 목표(예: 설거지하기)를 달성하는 행동 활성화 계획을 세워 점진적으로 일상을 회복했다.

3) 분노형 반응자(Anger-driven Reactor)

- 특징: 상실의 슬픔을 분노로 표현한다. 치료 과정에 대한 불만으로 수의사에게, 돌봄에 비협조적이었다는 이유로 가족에게, 혹은 무력했던 자기 자신에게 강한 분노와 비난을 쏟아낸다.

이로 인해 주변 관계가 악화되고 상담 초기 저항이 심할 수 있다.

- 전략: 분노를 섣불리 진정시키려 하기보다, 그 분노의 긍정적 기능(예: 무력감으로부터 자신을 보호)을 함께 탐색한다. 수용전념치료(ACT)의 가치 명료화 작업을 통해 분노 이면에 있는 '반려동물을 깊이 사랑했던 마음'과 같은 핵심 가치를 발견하도록 돕는다. '사실'과 '감정적 해석'을 분리하는 훈련을 통해 객관적 시각을 갖도록 지원한다.
- 사례: 안락사 결정을 두고 가족과 다툰 후, 수의사의 설명이 부족했다며 의료 소송까지 고려하던 40대 남성. 상담 과정에서 자신의 분노가 '더 잘해주지 못했다.'라는 깊은 슬픔과 죄책감에서 비롯되었음을 깨닫고, 분노의 에너지를 반려동물을 위한 의미 있는 추모 활동으로 전환할 수 있었다.

4) 관계 중심 상실형(Relationship-centered Loss)

- 특징: 반려동물이 단순한 동반자를 넘어 삶의 중심이자 정체성의 핵심 일부였던 경우. 특히 1인 가구나 노년층에서 많이 나타난다. "이제 나는 누구와 살아가나?", "내 삶의 의미가 사라졌다."와 같은 실존적 위기를 경험한다.
- 전략: 상징 치료(Symbol Therapy)를 통해 반려동물과의 관계가 남긴 의미를 깊이 탐색한다. '빈 의자 기법'이나 '편지 쓰기'를 통해 내면의 대화를 촉진하고, 기억통합훈련으로 아름다운 추억을 현재의 삶을 지탱하는 자원으로 활용하도록 돕는다. 반려동물과의 관계를 '끝'이 아닌, 새로운 형태로 지속되는 관계로 재정의하도록 안내한다.

- 사례: 자녀 출가 후 노견과 10년 넘게 의지하며 살아온 60대 여성. 반려견 사후 극심한 공허감과 정체성 혼란을 호소하며 "이제 나도 따라가고 싶다."라고 토로했다. 상담을 통해 반려견이 남긴 '사랑을 주고받는 능력'이라는 유산을 발견하고, 유기 동물 보호소 봉사활동을 시작하며 새로운 삶의 의미를 찾아 나갔다.

10-5
보호자의 죄책감·공허감 완화 기법

펫로스 경험에서 죄책감(Guilt)과 공허감(Emptiness)은 가장 흔하게 나타나면서도 내담자를 가장 깊은 고통으로 몰아넣는 핵심 정서이다. 죄책감은 과거의 선택에 대한 끝없는 후회를, 공허감은 미래의 삶에 대한 방향성 상실을 초래한다. 따라서 상담 개입의 상당 부분은 이 두 가지 감정을 효과적으로 다루는 데 집중된다.

죄책감 완화를 위한 핵심 개입 기법

죄책감은 '내가 더 잘할 수 있었다.'라는 믿음에서 비롯되며, 특히 안락사 결정이나 질병의 조기 발견 실패 등과 관련하여 강하게 나타난다. 이를 다루기 위한 핵심 기법은 다음과 같다.

1) 인지 재구조화(Cognitive Restructuring)

- "내가 그때 병원을 조금만 더 일찍 데려갔더라면 살았을 텐데" 와 같은 왜곡된 자동적 사고를 찾아내고, 그 사고의 비합리성

을 검토하는 기법이다. 상담사는 "그때 당신이 알았던 정보는 무엇이었나요?", "다른 선택을 할 수 없었던 현실적인 제약은 없었나요?"와 같은 소크라테스식 질문을 통해 내담자가 스스로 자신의 생각을 교정하도록 돕는다. 이를 통해 '전지전능한 구원자'가 되어야 한다는 비현실적 책임감을 '제한된 정보 속에서 최선을 다한 보호자'라는 현실적 관점으로 전환시킨다.

2) 행동 기반 평가(Behavior-based Evaluation)

- 죄책감에 빠진 내담자는 자신이 '하지 못한 것'에만 집중하는 경향이 있다. 이 기법은 내담자가 반려동물을 위해 '실제로 했던' 긍정적 행동들을 구체적으로 목록화하고 검토하도록 돕는다. 함께 찍은 사진, 병원 진료 기록, 매일의 산책과 놀이 시간 등 객관적인 돌봄의 기록을 되짚어보며, 자신이 '충분히 좋은 보호자였고 최선을 다해 사랑했다'는 객관적 근거를 스스로 발견하고 내면화하도록 지원한다.

3) 역할 기준 재정의(Redefining the Role Standard)

- 많은 보호자들이 '완벽한 보호자'라는 비현실적인 기준을 스스로에게 부과한다. 상담 과정에서는 반려동물 보호자의 역할을 '단 하나의 실수도 없는 완벽함'이 아니라, '어려움 속에서도 지속적인 돌봄과 애정을 제공하는 과정'으로 재규정하도록 돕는다. 이를 통해 심리적 부담감을 현실적인 수준으로 완화하고, 불가피했던 한계와 실수를 인간적인 과정의 일부로 수용하도록 안내한다.

공허감 완화를 위한 핵심 개입 기법

공허감은 반려동물이 채워주던 일상의 공간, 시간, 정서적 교류가 사라지면서 발생하는 감정이다. 이는 삶의 의미와 목적 상실로 이어질 수 있다.

공허감 완화 기법

일상 루틴 재구축: 반려동물과 함께하던 산책 시간을 명상이나 가벼운 운동 시간으로 대체하는 등, 비어버린 시간을 의식적으로 새로운 의미 있는 활동으로 채워나간다. 이는 삶의 통제감을 회복하는 데 도움을 준다.

감각 기반 안정화 훈련: 공허함이 밀려올 때, 주변의 소리(새소리, 음악)에 집중하거나, 따뜻한 차의 온기, 부드러운 담요의 감촉 등 오감을 활용하여 현재에 머무는 훈련을 한다. 이는 실존적 공허감에서 벗어나 현실 감각을 되찾게 한다.

추모 행동 설계: 반려동물의 이름으로 기부하기, 유품으로 추모 공간 만들기, 추모 나무 심기 등 상실을 의미 있는 행동으로 전환하는 '추모 행동'을 내담자와 함께 설계한다. 이는 공허함을 창조적 에너지로 승화시키는 과정이다.

반려동물 추모 행동의 심리적 의미

반려동물 추모 행동(Pet Memorialization)은 장례식, 추모 공간 마련, 기일 챙기기, 유품 보관, 온라인 추모관 활동 등 반려동물의 죽음을 기리고 기억하기 위한 모든 의식적 행위를 포함한다. 이러한 행동은 단순히 슬픔을 표현하는 수단을 넘어, 상실로 인해 붕괴한 개인의 심리 구조를 재편하고 치유를 촉진하는 매우 중요한 과정이다. 사회적으로 공인된 애도 절차가 부족한 펫로스의 특성상, 보호자가 주체적으로 행하는 추모 행동은 더욱 깊은 심리적 의미를 지닌다.

추모 행동은 다음과 같은 핵심적인 심리적 기능을 수행한다.

관계의 지속성 유지(Maintaining Continuing Bonds)

- 추모 행동은 반려동물이 죽어서 물리적으로는 소멸했지만, 보호자의 마음속에서는 여전히 의미 있는 존재로 살아있음을 확인하는 행위이다. 이는 '모든 것을 잊고 새롭게 시작해야 한다.'라는 전통적인 애도 모델에서 벗어나, 죽음 이후에도 내적 관계를 건강하게 유지하는 안전한 통로를 제공한다. 추모 앨범을 보거나 기일에 특별한 음식을 차리는 행위는 사랑의 관계가 단절되지 않았다는 심리적 안정감을 준다.

감정의 상징적 표출(Symbolic Expression of Emotions)

- 말로 다 표현하기 어려운 깊은 슬픔, 애틋한 사랑, 고마움, 미안함 등의 복합적인 감정을 구체적인 행동으로 상징화하여 표

출할 기회를 제공한다. 예를 들어, 반려동물이 좋아하던 장소
에 꽃을 놓는 행위는 사랑과 그리움을, 편지를 써서 태우는 행
위는 전하지 못한 말을 건네는 의미를 담는다. 이러한 상징적
행위는 억압된 감정을 해소하고 정서적 카타르시스를 경험하게
한다.

기억의 조직화 및 의미 재구성(Organizing Memories and Reconstructing Meaning)

- 추모 행동은 파편적이고 고통스럽게 흩어져 있던 상실 관련 기
  억을 하나의 일관된 이야기로 엮어내는 역할을 한다. 예를 들
  어, '기억 상자'를 만들며 반려동물과의 일생을 회고하는 과정
  은 즐거웠던 순간, 아팠던 순간, 마지막 순간 등을 시간 순서대
  로 정리하며 전체적인 관계의 서사를 완성하게 돕는다. 이 과
  정에서 보호자는 고통스러운 마지막 기억에만 매몰되지 않고,
  전체 관계가 얼마나 소중했는지를 깨닫고 긍정적인 의미를 재
  구성할 수 있다.

정체성 회복 및 사회적 인정 획득(Restoring Identity and Gaining Social Recognition)

- 추모 행동은 상실로 인해 사라진 '보호자'로서 역할을 새로운
  방식으로 지속하게 한다. 반려동물의 이름으로 유기 동물 보
  호소에 기부하거나 봉사하는 행위는 보호자로서의 긍정적 정
  체성을 현재와 미래의 삶 속에 통합하는 방법이다. 또한, SNS
  나 온라인 커뮤니티에 추모 글을 올리고 다른 이들의 공감과

위로를 받는 경험은 사회적으로 인정받지 못했던 자신의 슬픔
이 타인에게도 이해받고 지지받을 수 있다는 느낌을 주어 고립
감을 완화한다.

결론적으로, 추모 행동은 애도의 '종결'을 의미하는 것이 아니라,
상실한 대상을 마음속에 새로운 형식으로 자리매김하게 하는 심리적
장치이다. 이는 고통을 끝내는 과정이 아니라, 사랑했던 존재와의 관
계를 삶의 일부로 영원히 통합하는 창조적인 과정이며, 상담사는 내
담자가 자신에게 맞는 고유한 추모 방식을 찾도록 적극적으로 격려하
고 지원해야 한다.

10-7
상징 치료(Symbol Therapy)와 내면 대화 기법

상징 치료(Symbol Therapy)는 펫로스 상담에서 매우 효과적인 접
근법 중 하나로, 말로는 온전히 표현하기 어려운 깊은 슬픔, 죄책감,
그리움 등의 감정을 구체적인 상징물, 이미지, 예술 활동, 또는 의례
적 행동을 통해 탐색하고 재구성하는 치료 기법이다. 특히 자신의 감
정을 언어화하는 데 어려움을 겪는 내담자나, 상실의 고통이 너무 커
서 직접적으로 마주하기 힘든 경우, 상징이라는 안전한 매개체를 통
해 자신의 내면세계에 부드럽게 접근할 수 있도록 돕는다. 이는 정서
적 통합과 관계 재구성에 강력한 힘을 발휘한다.

펫로스 상담에서 자주 활용되는 대표적인 상징 치료 및 내면 대화

기법은 다음과 같다.

대표적 상징치료 기법

기억 상자(Memory Box) 만들기

- 내담자가 직접 상자를 고르고, 그 안에 반려동물과 관련된 의미 있는 물건들(사진, 목줄, 장난감, 편지 등)을 채워 넣는 활동이다. 이 과정은 단순히 유품을 정리하는 것을 넘어, 내담자가 주도적으로 반려동물과의 '관계의 이야기'를 선별하고 재정리하는 작업이다. 각 물건에 얽힌 사연을 이야기하며 파편화된 기억을 통합하고, 상자를 완성함으로써 관계를 소중하게 간직하고 봉인하는 심리적 의례의 효과를 가진다.

편지 쓰기(Therapeutic Letter Writing)

- 반려동물에게 차마 전하지 못했던 말, 고마웠던 마음, 미안했던 감정, 그리고 마지막 작별 인사를 편지 형식으로 자유롭게 쓰는 작업이다. 이 과정은 내면의 복잡한 감정을 언어화하고 구체화하여 정서적 명료성을 높인다. 편지를 낭독하거나, 태우거나, 혹은 기억 상자에 보관하는 등의 후속 활동을 통해 미해결된 감정을 해소하고 심리적 마무리를 짓는 데 도움을 준다.

역할 교환 기법(Role-Reversal Technique)

- 게슈탈트 치료의 '빈 의자 기법'을 응용한 것으로, 특히 죄책감 완화에 효과적이다. 내담자가 빈 의자에 반려동물이 앉아있다고 상상하고 말을 건넨 후, 자리를 바꿔 앉아 반려동물의 입장

이 되어 자신에게 하고 싶은 말을 들어보는 방식이다. 상담사가 반려동물의 입장을 대신하여 "괜찮아, 고마웠어, 나를 위해 최선을 다해줘서 행복했어."와 같은 지지적이고 용서하는 메시지를 전달해 줌으로써, 내담자는 스스로 만들어낸 죄책감의 감옥에서 벗어날 수 있는 강력한 치유적 경험을 하게 된다.

이미지 회복 기법(Image Re-scripting)

- 사고나 질병으로 고통스러웠던 반려동물의 마지막 모습과 같은 트라우마적 장면이 반복적으로 떠올라 고통받는 내담자에게 사용된다. 상담사는 내담자를 안정된 이완 상태로 유도한 후, 고통스러운 이미지를 떠올리게 하고, 그 장면에 개입하여 자신이 원했던 모습(예: 편안하게 잠든 모습, 건강하게 뛰어노는 모습)으로 재구상하도록 안내한다. 이 과정을 통해 부정적 감정이 각인된 기억을 보다 평화롭고 치유적인 장면으로 대체하며 정서적 균형을 회복시킨다.

이러한 상징 치료 기법들은 내담자가 자신의 상실 경험에 대한 통제감을 회복하고, 고통스러운 감정을 창조적으로 승화시키며, 떠나간 반려동물과의 관계를 새로운 차원에서 지속할 수 있도록 돕는 강력한 도구이다. 상담사는 내담자의 특성과 준비도에 맞춰 적절한 기법을 유연하게 적용해야 한다.

10-8

그룹 상담과 커뮤니티 치유 모델

펫로스 경험의 가장 큰 고통 중 하나는 '인정받지 못하는 슬픔(Dis-enfranchised Grief)'으로 인한 깊은 사회적 고립감이다. "나만 유별난가?", "이런 슬픔을 이해해 줄 사람이 아무도 없다."라는 생각은 보호자를 더욱 위축시키고 애도 과정을 방해한다. 이러한 맥락에서, 비슷한 아픔을 가진 사람들이 함께 모여 지지와 위로를 나누는 그룹 상담(Group Counseling)과 커뮤니티 기반 치유 모델은 개인 상담만큼이나, 혹은 그 이상의 강력한 치유 효과를 발휘한다.

펫로스 그룹 상담의 주요 효과

전문 상담가의 진행하에 5~8명 내외의 소그룹으로 진행되는 그룹 상담은 참가자들에게 다음과 같은 독특하고 강력한 치유적 경험을 제공한다.

정서적 정상화(Normalization)

- 그룹 내에서 다른 사람들도 자신과 똑같은 슬픔, 죄책감, 분노, 공허함을 느끼고 있음을 확인하는 순간, 내담자는 "나만 이런 게 아니구나."라는 깊은 안도감을 느낀다. 이는 자신의 감정이 비정상적이거나 과도하다는 자책감에서 벗어나, 자신의 슬픔을 있는 그대로 수용하게 하는 가장 중요한 첫걸음이다.

경험 공유를 통한 보편성 획득(Universality)

* 참가자들은 각기 다른 상실의 이야기(질병, 사고, 안락사 등)를
  나누며 상실 경험의 다양성을 통찰하게 된다. 다른 사람의 이
  야기를 들으며 자신의 경험을 새로운 관점에서 바라보게 되고,
  타인의 극복 과정을 통해 자신의 회복 경로에 대한 희망과 아
  이디어를 얻는다. 이는 고립된 개인의 경험을 보편적인 인간 경
  험의 일부로 확장시킨다.

지지 네트워크 형성(Formation of a Support Network)

* 그룹상담은 일회성 만남으로 끝나지 않고, 상담 종결 이후에도
  지속될 수 있는 강력한 정서적 지지 기반을 형성한다. 참가자
  들은 서로에게 가장 깊은 공감과 이해를 제공하는 지지자가 되
  어주며, 이는 장기적인 애도 과정에서 매우 중요한 사회적 자원
  이 된다.

이타심과 자기효능감 증진(Altruism & Self-Efficacy)

* 자신의 경험을 나누어 다른 사람에게 위로와 도움을 주는 과
  정에서, 내담자는 자신이 단순히 고통받는 존재가 아니라 누군
  가에게 힘이 되어줄 수 있는 존재임을 깨닫게 된다. 이러한 이
  타적 행위는 무력감을 감소시키고 자존감과 자기효능감을 높이
  는 데 크게 기여한다.

커뮤니티 치유 모델의 확장

그룹 상담을 넘어, 더 넓은 범위의 커뮤니티 기반 치유 모델은 애도

를 개인의 과제가 아닌 사회가 함께 지지하는 구조로 확장시킨다. 이러한 모델은 접근성을 높이고 지속적인 지원을 가능하게 한다.

온라인 추모관 및 포럼: 시공간의 제약 없이 익명으로 자신의 이야기를 털어놓고 위로를 주고받을 수 있는 디지털 공간이다. 24시간 접근할 수 있는 온라인 커뮤니티는 갑작스러운 슬픔이 밀려올 때 즉각적인 정서적 지지를 제공하는 중요한 창구가 된다.

지역 사회 기반 지원센터: 동물병원, 지자체, 혹은 비영리 단체가 운영하는 펫로스 지원센터는 정기적인 자조 모임, 추모 행사, 관련 교육 프로그램을 제공하며 지역 사회 내에서 지속적인 지지망 역할을 한다. 이는 펫로스에 대한 사회적 인식을 개선하는 데도 기여한다.

결론적으로, 그룹 상담과 커뮤니티 치유 모델은 펫로스로 인한 고립감을 해소하고, 슬픔의 보편성을 확인하며, 지속 가능한 지지체계를 구축함으로써 개인의 회복탄력성을 증진시키는 필수적인 치유 전략이다.

10-9
펫로스 상담사의 역할과 윤리적 기준

펫로스 상담은 고도로 전문화된 영역으로, 상담사는 단순한 공감과 지지를 제공하는 역할을 넘어, 인간과 동물의 유대(Human-Animal Bond), 애착 이론, 상실 및 애도 심리, 트라우마, 그리고 동물 복지에 대한 깊이 있는 전문적 통찰을 갖추어야 한다. 내담자의 복잡하고 섬세한 심리 상태를 다루기 위해 상담사는 명확한 역할 인식과 엄격한 윤리적 기준을 준수해야 한다.

펫로스 상담사의 핵심 역할

감정적 안전 기지 제공(Providing an Emotional Safe Haven)

- 상담사의 가장 기본적이면서도 중요한 역할은 내담자가 사회적으로 터부시되는 슬픔을 아무런 판단이나 비난의 두려움 없이 자유롭게 표현할 수 있는 절대적으로 안전한 정서적 공간을 제공하는 것이다. 내담자의 모든 감정을 수용하고 존중하는 태도는 신뢰 관계(라포) 형성의 기반이 된다.

전문적 평가 능력(Professional Assessment Skills)

- 상담사는 내담자의 애착 구조, 현재 애도 단계, 그리고 잠재적 위험 신호를 정확히 평가할 수 있어야 한다. 특히, 일상 기능이 심각하게 저하된 우울 증상, 자기 파괴적 사고, 심지어 자살 사고와 같은 위기 신호를 민감하게 포착하고, 필요시 정신건강의학과 연계 등 적절한 위기 개입을 할 수 있는 전문성을 갖추어야 한다.

통합적 개입 설계(Designing Integrative Interventions)

- 내담자의 특성과 문제에 맞춰 인지, 정서, 행동, 관계적 접근을 아우르는 통합적인 상담 계획을 설계해야 한다. 인지 재구조화, 행동 활성화, 상징 치료, 그룹 상담 등 다양한 치료적 도구를 적재적소에 활용하여 맞춤형 개입을 제공하는 능력이 요구된다.

동물 복지에 대한 이해(Understanding of Animal Welfare)

- 반려동물의 생애주기, 주요 질병, 치료 과정, 그리고 안락사(euthanasia) 결정 과정 등에 대한 기본적인 이해가 필수적이다. 이는 내담자가 겪었던 의료적 딜레마와 결정의 무게를 깊이 있게 공감하고, 비현실적인 죄책감을 다루는 데 중요한 배경지식이 된다.

상담사가 준수해야 할 핵심 윤리적 기준

핵심 윤리 강령

1) 비밀 보장의 원칙(Confidentiality): 내담자가 털어놓는 상실의 경험, 개인적인 감정, 그리고 모든 개인 정보는 법적인 예외 상황을 제외하고는 철저히 보호되어야 한다. 이는 상담 관계의 가장 기본적인 신뢰의 토대이다.

2) 판단 중립성 유지(Non-judgmental Stance): 상담사는 안락사, 치료 중단, 입양 결정 등 내담자가 과거에 내렸던 민감한 선택에 대해 자신의 가치관으로 판단하거나 평가해서는 안 된다. "그 결정은 최선이었다." 또는 "잘못된 결정이었다."와 같은 판단적 개입은 절대적으로 금지된다. 상담사의 역할은 결정의 옳고 그름을 가리는 것이 아니라, 그 결정 과정에 담긴 내담자의 고뇌와 사랑을 이해하고 지지하는 것이다.

3) 문화적 민감성 존중(Cultural Sensitivity): 내담자의 종교, 영적 신념, 가족 구조, 장례 문화 등에 따라 애도를 표현하고 이

해하는 방식은 매우 다양하다. 상담사는 이러한 문화적 배경의 차이를 존중하고, 내담자의 신념 체계 안에서 상실의 의미를 찾을 수 있도록 도와야 한다.

4) 전문성의 한계 인식(Awareness of Professional Boundaries): 상담사는 자신의 전문적 역량의 한계를 명확히 인지하고, 필요 시 다른 전문가(정신과 의사, 수의사, 장례 전문가 등)에게 자문하 거나 의뢰(refer)할 수 있어야 한다.

결론적으로 펫로스 상담은 깊은 공감 능력과 더불어 고도의 전문 성과 엄격한 윤리의식이 동시에 요구되는 분야다. 이 두 가지가 조화 를 이룰 때 비로소 내담자의 온전한 치유와 성장을 도울 수 있다.

10-10
펫로스 치유의 통합심리학적 방향성과 미래 과제

펫로스 치유는 더 이상 소수의 감상적인 문제로 치부될 수 없는, 현대 사회의 중요한 심리적 과제로 부상했다. 인간과 동물의 관계가 깊어질수록 상실의 고통 또한 복합적인 양상을 띠게 되면서, 이에 대 한 연구와 상담 실제는 더 다각적이고 통합적인 방향으로 나아가야 할 필요성이 커지고 있다. 앞으로의 펫로스 치유 분야는 다음과 같 은 확장 방향성을 가지며, 이는 개인의 치유를 넘어 사회 시스템의 변화를 요구하는 미래 과제와 연결된다.

미래 연구 및 상담의 확장 방향

- 통합심리학적 치유 모델 개발: 기존의 애도 이론을 넘어, 애착 이론(보호자와 반려동물의 유대 유형 분석), 트라우마 치료(사고 나 고통스러운 죽음 장면에 대한 EMDR 등), 인지행동치료(죄책감 완화), 그리고 실존주의 치료(상실을 통한 삶의 의미 탐색) 등을 유기적으로 통합한 한국형 펫로스 치유 모델을 개발하고 그 효과성을 검증하는 연구가 필요하다.

- 수의사–심리상담사 협업 시스템 구축: 반려동물의 마지막을 결정하고 집행하는 수의사는 보호자의 심리적 위기를 가장 먼 저 목격하는 전문가이다. 동물의 치료 과정에서부터 보호자의 심리 상태를 모니터링하고, 안락사 결정 전후에 심리상담사가 개입하여 위기 상담을 제공하는 '의료–심리 협업 시스템'을 제 도화할 필요가 있다. 이는 예방적 차원의 심리 지원이라는 점 에서 매우 중요하다.

- 디지털 기술 기반 치유 플랫폼 활성화: AI 챗봇을 활용한 24 시간 초기 감정 지지 서비스, VR(가상현실)을 이용한 긍정적 기 억 회상 훈련, 그리고 빅데이터 기반의 AI 기록 분석을 통해 개인 맞춤형 애도 관리 프로그램을 제공하는 등, 기술을 접목한 디 지털 치유 플랫폼의 개발과 보급이 중요한 과제가 될 것이다. 이는 상담 접근성을 획기적으로 높일 수 있다.

- 애착 및 상실의 생애 발달 연구 확대: 아동기 또는 청소년기에 겪는 반려동물 상실이 개인의 장기적인 정체성, 대인관계 패턴, 그리고 삶과 죽음에 대한 태도에 어떤 영향을 미치는지 추적하 는 종단 연구가 필요하다. 이는 펫로스 경험이 한 개인의 생애

발달 과정에서 갖는 심층적인 의미를 밝혀줄 것이다.

사회 정책적 미래 과제

국가 및 지자체 기반의 공적 지원 체계 마련: 펫로스를 사적인 문제로만 남겨두지 않고, 공공 영역에서 지원 체계를 마련해야 한다. 특히 경제적, 신체적, 사회적으로 취약한 고령층 1인 가구 보호자, 저소득층 보호자, 반복적인 상실을 경험하는 동물 구조 활동가 등을 위한 맞춤형 공공 상담 서비스를 제공하고, 관련 조례를 제정하는 등의 정책적 노력이 시급하다.

궁극적으로, 펫로스 치유에 대한 탐구는 단순히 슬픔을 극복하는 방법을 넘어, 인간이 비인간 존재와 어떻게 깊은 사랑을 맺고, 그 필연적인 상실을 어떻게 경험하며, 그 과정을 통해 어떻게 한 인간으로서 성장하고 성숙해 가는가에 대한 근원적인 심리학적 질문으로 확장되고 있다. 이는 생명 존중의 가치를 사회 전반으로 확산하고, 모든 종류의 사랑과 이별을 포용하는 더 성숙한 사회로 나아가는 길과 맞닿아 있다.

제11장

동물매개치료(Animal Assisted Therapy)의 심리적 기초

본 장은 동물과의 상호작용이 인간의 심리적 회복과 정서적 안정에 미치는 영향을 심리학적 기초에서 고찰하고, 동물매개 치료(Animal Assisted Therapy, AAT)가 단순한 위안 이상의 심층적 치유 자원으로 기능함을 분석한다. 인간-동물 관계는 원초적 신뢰, 무조건적 수용, 언어 이전의 감정 교감을 매개로 하여, 치료적 맥락에서 감정 이입, 자기표현, 신체 활성화, 대인관계 회복 등 다차원적 심리 작용을 유도한다.

급속한 도시화와 디지털화로 인간관계가 단절되고, 심리적 고립이 심화되는 현대 사회에서 정서적 안전 기지로서의 동물은 더욱 강력한 심리치료 자원이 되고 있다. 특히 아동, 청소년, 노인, 정신적 외상을 겪은 환자군 등 언어적 표현이 제한되거나 정서 조절기능이 취약한 대상자에게 동물은 매우 효과적인 치료 매개가 된다.

동물매개치료(AAT)의 개념과 이론적 배경

동물매개치료(Animal Assisted Therapy, AAT)는 단순한 동물과의 만남을 넘어, 훈련된 동물을 치료적 맥락에 의도적으로 통합하여 내담자의 심리적, 정서적, 사회적, 인지적 기능 향상을 도모하는 전문적인 개입 방식을 의미한다. 이는 치료 목표를 달성하기 위해 치료사가 동물과 인간의 상호작용을 체계적으로 설계하고, 그 과정을 평가하며, 내담자의 변화를 유도하는 목표 지향적 활동이다. AAT의 핵심은 정서적 안정, 스트레스 감소, 자기조절 능력 강화, 사회적 기술 증진 등 구체적인 치료적 변화를 목표로 한다는 점에서 동물매개활동(Animal Assisted Activities, AAA)과 구별된다.

'동물의 존재가 인간에게 이롭다.'라는 직관적 믿음은 오랜 역사가 있지만, 현대의 동물매개치료는 견고한 학문적 이론에 그 뿌리를 두고 있다. AAT의 이론적 기반을 형성하는 주요 심리학적 개념은 다음과 같다.

애착 이론(Attachment Theory)

존 볼비(John Bowlby)에 의해 정립된 애착 이론은 AAT의 핵심 원리를 설명하는 중요한 틀을 제공한다. 동물, 특히 개나 말과 같은 포유류는 내담자에게 무조건적인 수용과 일관된 반응을 보이는 안정적인 애착 대상이 될 수 있다. 이들은 내담자를 판단하거나 비난하지 않으며, 이는 내담자가 거절의 두려움 없이 자신의 감정을 탐색하고 표현할 수 있는 '심리적 안전 기지(Secure Base)'를 형성하도록 돕는다. 안정적인 애착 관계의 경험은 대인관계에서 어려움을 겪는 내담자의 신뢰감 회복과 관계 형성 능력에 긍정적인 영향을 미친다(Fine, 2019).

사회적 촉진 이론(Social Facilitation Theory)

사회적 촉진 이론은 타인의 존재가 개인의 수행이나 행동에 영향을 미친다는 개념이다. 동물매개치료에서 동물은 '사회적 촉진자(Social Lubricant)' 역할을 한다. 동물의 존재는 치료 환경의 어색함과 긴장감을 완화하고, 내담자와 치료사 간의 라포(rapport) 형성을 촉진한다. 특히 언어적 표현에 어려움을 겪거나 사회적으로 위축된 내담자에게 동물은 자연스러운 대화의 시작점이 되며, 정서 표현과 행동 활성화를 유도하는 매개체가 된다. 동물을 돌보는 행동을 통해 책임감을 배우고, 동물과의 상호작용을 통해 사회적 단서를 학습하는 기회를 얻게 된다.

정서 조절 이론(Emotion Regulation Theory)

동물과의 신체적 접촉 및 교감은 인간의 자율신경계에 직접적인 영향을 미친다. 동물을 쓰다듬거나 안는 행위는 심박수와 혈압을 낮추고, 스트레스 호르몬인 코르티솔(Cortisol) 수치를 감소시키는 반면, 사회적 유대감을 형성하는 옥시토신(Oxytocin) 분비를 촉진한다(Beck & Katcher, 1996). 이러한 생리적 변화는 심리적 평형 상태를 회복하고 정서적 안정을 찾는 데 기여한다. 동물은 내담자가 자신의 격렬한 감정을 조절하고, 외부 자극에 대한 과민 반응을 줄이며, 내적 평온함을 되찾도록 돕는 살아있는 '정서 조절 도구'로 기능하는 것이다. 이처럼 AAT는 엄격한 이론과 임상적 근거를 바탕으로 발전해 온 과학적 치료 영역이라 할 수 있다.

11-2
동물매개치료의 역사와 학문적 발전

동물매개치료는 현대 심리치료 분야에서 비교적 새로운 접근법으로 인식되기도 하지만, 그 근본적인 아이디어는 인간과 동물이 특별한 유대를 맺어온 오랜 역사 속에서 발견된다. 인간이 동물을 통해 위안과 치유를 얻는다는 개념은 시대와 문화를 초월하여 존재해 왔으며, 이는 현대 AAT의 토대가 되었다.

고대부터 근대까지의 기록

고대 문명에서부터 동물은 인간의 삶에 깊숙이 관여했다. 고대 그리스에서는 아픈 사람들이 치유의 신 아스클레피오스 신전에서 개와 함께 잠을 자며 병이 낫기를 기원했다는 기록이 있다. 중세 시대에는 새를 통해 고독을 달래는 사례가 있었으며, 고대 이집트에서는 고양이를 신성한 존재로 여겨 정서적 안정을 주는 역할을 했다. 18세기와 19세기에 들어서면서 동물은 더 체계적인 치료 환경에 등장하기 시작했다. 1792년 영국 요크 수용소(York Retreat)에서는 정신질환 환자들이 토끼나 닭과 같은 작은 동물을 돌보게 함으로써 자기 통제력이 향상하고 정서적 회복을 돕는다는 사실을 발견했다. 이는 동물을 돌보는 책임감이 환자들의 내면에 긍정적인 변화를 일으킬 수 있음을 시사한 최초의 공식적인 기록 중 하나로 평가된다.

과학적 연구의 시작: 보리스 레빈슨의 공헌

동물매개치료가 학문적, 과학적 연구의 대상으로 본격적인 주목을 받기 시작한 것은 20세기 중반이다. 1950년대, 미국의 아동 심리학자이자 수의사였던 보리스 레빈슨(Boris Levinson)은 자신의 진료실에서 우연한 발견을 통해 AAT의 과학적 기틀을 마련했다. 그는 사회적으로 심하게 위축되어 있던 한 아동 환자를 상담하던 중, 자신의 반려견 '징글스(Jingles)'가 진료실에 함께 있자, 아이가 개와 상호작용을 하며 말문을 열기 시작하는 것을 목격했다. 이를 계기로 레빈슨은 개가 치료 과정에서 내담자와 치료사 사이의 다리를 놓는 '촉진자(facilitator)' 역할을 할 수 있다는 가설을 세우고, 1962년 미국 심리학회에서 이를 발표했다. 그의 연구는 '반려동물 매개 심리치료(Pet-Facilitated Psychotherapy)'라는 용어를 탄생시켰으며, 동물의 치료적 가치를 개인적 경험의 차원에서 과학적 검증의 영역으로 끌어올리는 결정적 계기가 되었다(Levinson, 1969).

현대의 발전과 제도화

1990년대 이후, 동물매개치료는 급속한 학문적 성장과 제도화를 이루었다. 치료 동물의 선발 및 훈련 기준이 체계화되었고, 다양한 임상 현장에 적용할 수 있는 치료 프로그램이 표준화되기 시작했다. 의학, 심리학, 사회복지학, 수의학 등 여러 분야의 전문가들이 참여하는 학제적 연구가 활발히 진행되면서 AAT의 효과와 기전에 대한 과학적 근거가 축적되었다. 오늘날 AAT는 병원, 노인복지시설, 학교,

교정시설, 재활센터, 군부대에 이르기까지 광범위한 기관에서 정신건강 증진과 재활을 위한 정식 치료 모델 중 하나로 인정받고 있으며, 그 적용 범위는 계속해서 확장되는 추세에 있다.

11-3
치료 동물의 심리적 안정과 감정전달 메커니즘

동물매개치료에서 치료 동물은 단순히 귀엽고 친근한 존재를 넘어, 내담자의 복잡한 감정 상태를 안정시키고 긍정적인 변화를 촉진하는 핵심적인 정서 조절자(emotional regulator)로서 기능한다. 동물이 이러한 역할을 할 수 있는 것은 인간의 감정을 감지하고 그에 반응하는 고유한 능력과, 존재 자체로 안정감을 전달하는 생리적 특성 덕분이다. 그 핵심 메커니즘은 공감적 반응성, 정서적 거울 기능, 안전 신호 제공, 그리고 스트레스 완충 효과로 설명할 수 있다.

공감적 반응성과 정서적 거울 기능

개, 말, 토끼 등 주요 치료 동물들은 인간의 비언어적 신호에 매우 민감하게 반응하는 능력을 지니고 있다. 이들은 사람의 목소리 톤, 표정의 미세한 변화, 몸의 자세와 긴장도 등을 예민하게 감지한다. 내담자가 불안을 느끼면 동물은 덩달아 긴장하거나 조심스러운 태도를 보일 수 있고, 내담자가 편안함을 느끼면 동물 역시 이완된 모습을 보인다. 이처럼 내담자의 감정 상태가 동물의 행동에 미세하게 투영되는 현상을 정서적 거울(emotional mirror) 기능이라고 한다. 내담자는 동물의 반응을 통해 자신이 현재 어떤 감정 상태에 있는지를 언어적 분석 없이 직관적으로 인식하게 된다. 이는 자신의 감정을 인지하고 수용하는 첫걸음이 되며, 감정 인식 능력이 부족한 내담자에게 특히 중요한 치료적 경험을 제공한다.

안전 신호 제공과 자율신경계 안정

치료 동물은 존재 자체로 강력한 안전 신호를 전달한다. 동물의 느리고 예측할 수 있는 움직임, 규칙적으로 반복되는 호흡 소리, 그리고 따뜻한 체온은 인간의 뇌에 직접적인 안정 신호로 작용한다. 이러한 감각 정보는 위협을 감지하는 편도체(amygdala)의 활동을 억제하고, 몸을 이완시키고 회복시키는 부교감신경계의 활성화(Parasympathetic activation)를 유도한다. 내담자는 동물을 쓰다듬거나 안고 있으면서 자연스럽게 자신의 호흡 속도가 느려지고 근육의 긴장이 풀리는 것을 경험한다. 이는 과도한 각성 상태에 있는 외상후 스트레스장애(PTSD)나 불안장애 환자에게 즉각적인 안정 효과를 제공하는 중요한 기전이다.

스트레스 완충 효과(Stress-Buffering Effect)

동물과의 긍정적인 상호작용은 스트레스에 대한 생리적 반응을 완화하는 강력한 완충 효과를 가진다. 수많은 연구는 동물과의 교감이 다음과 같은 구체적인 생화학적 변화를 일으킨다고 보고한다(Odendaal & Meintjes, 2003).

- 옥시토신(Oxytocin) 증가: '사랑 호르몬' 또는 '유대 호르몬'으로 불리는 옥시토신의 분비를 촉진하여 사회적 유대감, 신뢰, 안정감

을 높인다.

- 코르티솔(Cortisol) 감소: 스트레스 상황에서 분비되는 대표적인 호르몬인 코르티솔의 수치를 유의미하게 감소시켜 생리적 스트레스 반응을 낮춘다.
- 심박수 및 혈압 안정: 교감신경계의 항진을 억제하여 심박수와 혈압을 안정적인 수준으로 조절한다.

이 모든 요소는 동물로부터 전달되는 신체적, 정서적 신호를 통해 복합적으로 조절된다. 따라서 치료 동물이 스스로 안정적인 감정 상태를 유지하고 스트레스에 잘 대처하는 능력을 갖추는 것이 왜 중요한지가 명확해진다. 동물의 안정성이 곧 내담자의 안정성으로 이어지기 때문이다.

11-4
인간 대상의 심리 치유 효과와 생리적 반응

동물매개치료(AAT)가 다양한 임상 현장에서 주목받는 가장 큰 이유는 심리적, 정서적 차원의 긍정적 효과와 더불어 측정할 수 있는 생리적 변화를 동시에 유발하기 때문이다. 이러한 '심신(mind-body)'에 걸친 통합적 개선 효과는 AAT를 보완 대체요법을 넘어선 독자적인 치료 영역으로 자리매김하게 했다. AAT를 통해 나타나는 대표적인 치유 효과는 정서, 생리, 행동의 3가지 차원으로 나누어 살펴볼 수 있다.

정서적 안정 및 인지적 변화

AAT의 가장 두드러진 효과는 정서적 안정이다. 동물과의 비판단적이고 수용적인 상호작용은 내담자의 불안과 우울감을 현저히 감소시킨다. 특히 동물을 돌보는 활동은 내담자에게 유능감과 책임감을 부여하여 저하된 자존감을 회복시키는 데 도움을 준다. 또한, 동물과의 교감을 통해 감각적 자극을 조절하는 법을 배우게 되는데, 이는 자폐 스펙트럼 장애(ASD) 아동이나 감각 통합에 어려움을 겪는 내담자의 감각 과자극을 줄이는 데 효과적이다. 동물과의 관계 속에서 자신의 감정을 인식하고 표현하는 연습을 통해 내담자는 점차 자기조절능력을 강화하게 된다.

생리적 반응의 정상화

AAT가 가져오는 심리적 안정은 명확한 생리적 변화로 뒷받침된다. 수많은 연구에서 동물과의 상호작용이 스트레스 반응과 관련된 생리지표들을 긍정적으로 변화시킨다는 사실이 입증되었다. 대표적인 생리적 반응은 다음과 같다.

- 혈압 및 심박수 감소: 동물을 쓰다듬는 것만으로도 혈압과 심박수가 안정되는 효과가 나타나며, 이는 심혈관계 부담을 줄여준다.
- 호르몬 변화: 사회적 유대 호르몬인 옥시토신(Oxytocin)의 수치는 상승하고, 스트레스 호르몬인 코르티솔(Cortisol) 수치는 감소한다. 이는 생화학적 수준에서 스트레스가 완화되고 있음을 보여주는 객관적 증거이다(Kim et al, 2021).
- 근긴장도 감소 및 호흡 패턴 정상화: 심리적 이완은 신체적 이

완으로 이어져 근육의 긴장도를 낮추고, 짧고 얕았던 호흡을 깊고 안정적인 패턴으로 변화시킨다.

행동적 변화와 사회성 증진

정서적, 생리적 안정은 궁극적으로 내담자의 행동 변화로 이어진다. 사회적으로 위축되거나 회피적인 성향을 보이던 내담자들은 동물을 매개로 타인과 상호작용을 할 동기를 얻게 된다. 동물에 관해 이야기하면서 자연스럽게 언어적 표현이 증가하고, 치료사나 다른 집단 구성원과의 소통이 활발해진다. 또한, 동물의 감정과 요구를 이해하고 배려하는 과정을 통해 공감적 태도를 학습하고, 이는 대인관계 기술의 향상으로 이어진다. 주의력결핍 과잉행동장애(ADHD) 아동의 경우, 동물과 함께 특정 과제를 수행하면서 집중력을 유지하는 시간이 늘어나는 등 과제 집중력 향상 효과도 보고된다. 이처럼 AAT는 '심리-생리-행동'의 선순환 구조를 만들어내며, 정신건강, 발달장애, 노인 치료, 재활 등 다양한 분야에서 폭넓게 활용될 수 있는 잠재력을 지닌다.

11-5
치료적 관계에서의 공감·비언어적 교류

동물매개치료의 정수는 언어를 넘어서는 깊은 수준의 비언어적 상호작용에 있다. 인간관계에서 언어는 때로 오해를 낳거나 방어기제를 유발하는 장벽이 될 수 있지만, 동물과의 교류는 이러한 장벽 없이 순수하고 직접적인 형태로 이루어진다. 이 비언어적 교류는 전통적인 상담 기법만으로는 쉽게 도달하기 어려운 내담자의 내면 깊은 곳을 어루만지며, 치유적 관계의 핵심을 형성한다.

즉각성(Immediacy)

동물은 내담자의 감정 변화를 놀라울 정도로 빠르게 감지하고 그에 대해 즉각적으로 반응한다. 내담자가 미세한 긴장감을 보일 때 동물은 잠시 움직임을 멈추거나, 슬픔을 느낄 때 조용히 다가와 몸을 기댈 수 있다. 이러한 즉각적인 피드백은 내담자로 하여금 자신의 감정이 '지금 여기에서' 실재하며, 타자에게 영향을 미치고 있음을 생생하게 느끼게 한다. 이 경험은 자신의 감정을 회피하거나 억압하는 데 익숙했던 내담자에게 자신의 내면을 직면할 수 있는 강력한 동기를 부여한다.

무심판성(Non-judgment)

동물매개치료가 제공하는 가장 강력한 치료적 요소 중 하나는 '무심판적 환경'이다. 동물은 내담자의 과거, 사회적 지위, 외모, 행동에 대해 어떠한 편견이나 평가도 하지 않는다. 그들은 내담자를 있는 그대로 받아들인다. 이러한 무조건적인 수용의 경험은 심리적 상처나 대인관계의 실패로 인해 거절에 대한 깊은 두려움을 가진 내담자에게 매우 중요하다. 내담자는 비난이나 평가에 대한 걱정 없이 자신의 가장 취약한 감정까지도 자유롭게 드러낼 수 있는 안전함을 느끼며, 이는 깊은 수준의 정서적 개방을 촉진한다.

신뢰 형성과 공감적 동기화

치료적 관계의 기반은 신뢰이다. 동물과의 관계에서 신뢰는 복잡한 언어적 약속이 아닌, 손길, 시선, 함께 나누는 호흡과 같은 가장 원초적이고 기본적인 교류를 통해 빠르게 형성된다. 내담자는 동물을 쓰다듬고, 동물의 심장박동을 느끼며 '관계의 안전성'을 신체적으로 체감한다. 이 과정에서 내담자는 동물의 반응을 통해 자신의 감정이 무시되지 않고, 이해받고 있다는 깊은 공감적 경험을 하게 된다. 이를 '공감적 동기화(Empathic Synchronization)'라고 할 수 있다. 즉, 내담자는 동물의 반응을 거울삼아 '내 감정은 소중하며, 누군가에게 이해받을 수 있다.'라는 근본적인 믿음을 내면화하게 된다. 이러한 경험은 자기 수용으로 이어지며, 타인과의 관계에서도 공감 능력을 발휘할 수 있는 토대를 마련해 준다. 결국, 동물과의 비언어적 교류는 내담자가 자기 자신과 다시 연결되고, 세상과 안전하게 관계 맺는 법을 배우는 강력한 통로가 된다.

11-6
치료 동물의 행동 특성과 치료 적합성 평가

모든 동물이 동물매개치료에 적합한 것은 아니다. 성공적인 AAT를 위해서는 동물의 안전성과 치료적 효과를 보장할 수 있는 엄격한 기준에 따라 치료 동물을 선발하고 평가하는 과정이 필수적이다. 치료 동물은 단순히 사람을 잘 따르는 친근한 반려동물의 차원을 넘어, 예측 불가능한 치료 환경에서도 안정성을 유지하고 치료적 상호작용을 수행할 수 있는 전문적인 자질을 갖추어야 한다. 따라서 AAT 전문가들은 동물의 기질, 건강 상태, 사회성, 훈련 수준 등을 종합적으로 평가하여 적합성을 판단한다.

치료 동물 선발의 핵심 적합성 기준은 다음과 같이 구체화할 수 있다.

기질(Temperament)

기질은 동물이 타고난 성향으로, 치료 동물에게 가장 중요한 요소이다. 이상적인 치료 동물은 기본적으로 온화하고 차분한 성품을 지녀야 한다. 행동이 예측할 수 있고 일관성이 있어 치료사와 내담자가 신뢰할 수 있어야 한다. 또한, 낯선 사람이나 다른 동물에 대해 두려움이나 공격성 없이 높은 사회성을 보여야 하며, 갑작스러운 소리, 예상치 못한 접촉, 어색한 움직임 등 다양한 자극에 대해 놀라거나 과민하게 반응하지 않는 안정적인 반응성을 갖추는 것이 필수적이다.

건강 상태(Health Status)

치료 동물의 신체적 건강은 내담자와 동물 모두의 안전을 위해 철저히 관리되어야 한다. 인수공통전염병의 위험이 없어야 하므로 정기적인 예방접종과 구충이 필수적이다. 또한, 내담자와의 신체 접촉이 많은 만큼 피부병, 눈병, 귀 질환 등이 없이 청결한 상태를 유지해야 한다. 치료 세션 동안 활동을 무리 없이 소화할 수 있는 적절한 운동 능력과 체력을 다지고, 만성적인 통증이나 질환이 없어야 한다.

사회적 반응성 및 훈련 수준

치료 동물은 다양한 환경과 사람에 대한 높은 수준의 사회적 적응력을 보여야 한다. 낯선 장소, 여러 사람이 있는 공간, 다양한 소음 등 환경 변화에 대한 스트레스 내성이 강해야 한다. 또한, 기본적인 복종 훈련(앉아, 기다려 등)은 물론, 치료 상황에서 발생할 수 있는 돌발 상황에 침착하게 대처하는 능력을 갖추어야 한다. 가장 중요한 것은 치료사의 지시를 명확하게 이해하고 신속하게 반응하는 능력이다. 이는 치료 과정의 안전을 확보하고, 치료 목표에 맞는 상호작용을 효과적으로 유도하는 데 필요하다.

결론적으로, 치료 동물은 '치료적 개입을 위한 살아있는 도구'이자 동시에 '보호받아야 할 생명체'라는 두 가지 지위를 동시에 가진다. 이러한 이중적 지위를 이해하고, 동물의 복지와 안녕을 최우선으로 고려하면서 치료적 적합성을 엄격하게 평가하는 것이 성공적인 동물매개치료의 전제 조건이다.

11-7
치료자·동물·내담자 간의 상호작용 구조

동물매개치료(AAT)는 단순히 내담자와 동물이 일대일로 만나는 활동이 아니다. 이는 치료자, 동물, 내담자라는 세 주체가 유기적으로 상호작용을 하며 치료적 목표를 향해 나아가는 정교한 삼자 구조(Triadic Model)를 기반으로 한다. 이 세 요소가 각자의 역할을 충실히 수행하고 조화롭게 협력할 때, AAT는 단순한 즐거움을 주는 활동을 넘어 깊이 있는 '치료적 경험'으로 전환될 수 있다. 각 주체의 역할과 기능은 다음과 같이 정의된다.

1) 치료자(Therapist)

치료자는 AAT의 총괄 설계자이자 지휘자이다. 치료사의 가장 중요한 역할은 내담자의 상태를 평가하여 명확한 치료 목표를 설정하고, 그 목표를 달성하기 위해 동물과의 상호작용을 구체적으로 계획하고 실행하는 것이다. 치료자는 세션 동안 내담자와 동물의 상호작용을 자세히 관찰하며, 치료적 개입이 필요한 순간을 포착하여 적절한 질문을 던지거나 활동을 조율한다. 예를 들어, 내담자가 동물을 대하는 태도에서 나타나는 감정이나 행동 패턴을 해석해 주고, 이를 내담자의 실제 삶의 문제와 연결해 인지적 깨달음을 촉진한다. 또한, 물림 사고나 알레르기 반응과 같은 잠재적 위험을 관리하고, 동물과 내담자 모두에게 안전하고 윤리적인 환경을 보장하는 최종적인 책임을 진다.

2) 동물(Animal)

동물은 치료자와 내담자 사이를 잇는 강력한 정서적 매개자(emotional mediator)이자 사회적 촉진자(social facilitator)이다. 동물의 주된 역할은 비언어적 반응을 통해 내담자의 내면에 잠재된 감정과 행동을 자연스럽게 끌어내는 것이다. 동물은 판단하지 않는 태도로 내담자에게 다가가 심리적 방어벽을 허물고, 따뜻한 신체 접촉을 통해 즉각적인 안정감을 제공한다. 동물의 예측 불가능하면서도 솔직한 반응은 내담자에게 새로운 관점을 제시하고, 경직된 사고 패턴

에 변화를 유도하는 촉매제가 되기도 한다. 동물은 치료의 '대상'이
아니라, 치료 과정에 능동적으로 참여하는 '파트너'로서 기능한다.

3) 내담자(Client)

내담자는 치료 경험의 중심에 있는 주체이다. 내담자는 동물과의
안전하고 수용적인 관계 속에서 그동안 억압해 왔던 감정을 자유롭
게 표현하고 탐색할 기회를 얻는다. 동물을 돌보고 교감하는 과정에
서 자기조절 능력을 배우고, 동물의 반응을 해석하며 사회적 상호작
용 기술을 연습한다. 내담자는 동물과의 관계를 통해 얻은 긍정적인
경험과 인지적 깨달음을 치료사와 함께 논의하며 자신의 삶에 적용
하는 과정을 거친다. 궁극적으로 내담자는 동물이라는 매개체를 통
해 자신을 더 깊이 이해하고, 긍정적인 변화를 위한 내적 동기를 발
견하게 된다.

이처럼 치료자, 동물, 내담자는 각각의 고유한 역할을 수행하며 상
호 보완적인 관계를 형성한다. 치료자의 전문적 개입, 동물의 촉진자
역할, 그리고 내담자의 능동적 참여가 시너지를 이룰 때, 동물매개치
료는 가장 강력한 치유적 힘을 발휘하게 된다.

11-8
윤리적 기준 및 안전관리 절차

동물매개치료(AAT)는 살아있는 생명체를 치료 과정에 통합하는
독특한 특성 때문에 고도의 윤리적 책임과 엄격한 안전관리 기준을

요구한다. 치료의 효과를 높이는 것만큼이나 중요한 것은 과정에 참여하는 인간(내담자)과 동물 모두의 안녕과 권리를 보호하는 것이다. 따라서 윤리적 기준과 안전 절차는 AAT의 선택 사항이 아니라, 치료의 성패와 정당성을 좌우하는 필수적인 기반이라고 할 수 있다. 핵심적인 윤리 원칙과 안전관리 절차는 다음과 같다.

핵심 윤리 원칙

① 동물 복지 우선(Animal Welfare First): 치료 동물은 치료의 도구이기 이전에 고통을 느끼는 생명체이다. 따라서 동물이 활동 중에 과도한 스트레스나 피로를 느끼지 않도록 세심하게 배려해야 한다. 적절한 휴식 시간과 충분한 보상(간식, 놀이 등)을 보장하고, 동물이 원치 않는 상호작용을 강요해서는 안 된다. 또한, 정기적인 건강검진과 청결한 사육 환경을 제공하는 것은 기본 중의 기본이다.

② 내담자 안전 확보(Client Safety): 내담자를 모든 잠재적 위험으로부터 보호해야 한다. 물림 사고나 할큄 사고를 예방하기 위해 동물과 내담자의 성향을 사전에 자세히 평가해야 한다. 또한, 동물의 털이나 침에 의한 알레르기 반응, 인수공통감염병 전파 가능성 등을 사전에 확인하고 관리해야 한다. 모든 프로그램 시작 전에는 응급 상황 발생 시 대처 계획을 구체적으로 수립해 두어야 한다.

③ 전문성 유지(Professional Competence): AAT는 반드시 전문적인 훈련과 자격을 갖춘 인력에 의해 수행되어야 한다. 치료사는 심리학 및 상담에 대한 전문 지식뿐만 아니라, 동물의 행

동과 복지에 대한 깊은 이해를 갖추어야 한다. 치료 동물 역시 공인된 기관의 기준에 따라 훈련되고 인증받아야 하며, 기관 전체가 AAT 운영에 대한 전문적인 기준을 충족해야 한다.

④ 동물 사용의 합리성(Justification for Animal Use): AAT는 모든 내담자에게 적용되는 만능 해결책이 아니다. 치료 목표가 명확하고, 그 목표 달성을 위해 동물의 개입이 필수적이거나 매우 효과적이라고 판단될 때만 합리적으로 적용되어야 한다. 다른 치료 방법으로도 충분히 목표 달성이 가능하다면 굳이 동물을 개입시킬 필요는 없다.

⑤ 문화·가치 다양성 존중(Respect for Diversity): 내담자의 개인적, 종교적, 문화적 배경에 따라 동물에 대한 태도나 감정이 다를 수 있음을 존중해야 한다. 특정 문화권에서는 개를 부정하게 여기거나, 개인적인 트라우마로 인해 동물을 극도로 두려워하는 내담자가 있을 수 있다. 이러한 경우, AAT를 강요하지 않고 내담자의 가치관과 감정을 최우선으로 고려해야 한다.

이러한 윤리적 기준과 안전 절차를 철저히 준수하는 것은 AAT의 전문성과 신뢰성을 담보하는 길이다. 윤리가 무너진 동물매개치료는 더 이상 '치료'가 아니라, 인간과 동물 모두에게 해가 될 수 있는 위험한 활동에 불과하다.

11-9

동물매개치료의 적용 분야

동물매개치료(AAT)는 인간의 전 생애주기에 걸쳐 발생하는 다양한 심리적, 신체적 문제에 효과적으로 적용될 수 있는 잠재력을 지닌 대표적인 융합 치료 영역이다. AAT는 특유의 비언어적이고 수용적인 상호작용 방식을 통해 전통적인 치료법에 반응하지 않거나 저항을 보이는 내담자들에게도 새로운 가능성을 열어준다. 현재 AAT가 활발하게 활용되고 있는 주요 분야는 다음과 같다.

아동 및 청소년

- 발달장애: 자폐 스펙트럼 장애(ASD) 아동의 사회적 상호작용 기술을 증진하고, 감각 조절 능력을 향상시키는 데 효과적이다. 주의력결핍 과잉행동장애(ADHD) 아동에게는 과제 집중력을 높이고 충동성을 조절하는 데 도움을 준다.
- 정서 및 행동 문제: 동물과의 교감을 통해 정서 조절에 어려움을 겪는 아동의 불안을 감소시키고, 공격적인 행동을 완화하며, 분리불안이나 애착 문제를 다루는 데 활용된다. 또한, 언어 발달이 지연된 아동의 언어 및 의사소통을 촉진하는 매개체 역할을 한다.
- 학교 부적응 및 자존감 저하: 우울, 불안, 낮은 자존감으로 인해 학교생활에 어려움을 겪는 청소년들에게 안정적인 지지 관계를 제공하고, 동물을 돌보는 경험을 통해 책임감과 유능감을 느끼게 한다.

성인 및 노인

- 정신건강: 성인의 만성적인 스트레스 완화, 우울증 및 불안장애 증상 감소에 널리 사용된다. 특히 외상후스트레스장애(PTSD) 환자들이 안전한 관계 속에서 트라우마를 다루고 정서적 안정을 되찾도록 돕는다. 약물 중독 재활 프로그램에서는 동기 부여와 책임감 함양을 위해 활용되기도 한다.
- 노인 복지: 노인들의 고독감과 사회적 고립감을 완화하고, 우울감을 감소시키는 데 탁월한 효과를 보인다. 치매 환자의 인지 기능 저하를 늦추고, 문제 행동을 줄이며, 과거를 회상하게 하는 매개체가 되기도 한다. 또한, 개와 함께 산책하는 등의 활동은 노인의 신체 활동량을 늘려 운동 능력을 향상시키는 부가적인 이점도 있다.

특수 분야

- 교정시설: 수감자들의 충동 조절 능력과 분노 관리 기술을 향상시키고, 생명을 돌보는 경험을 통해 공감 능력과 사회적 책임감을 회복하도록 돕는 프로그램에 적용된다.
- 재활 및 의료: 뇌졸중이나 사고 후 보행 재활 훈련을 받는 환자들에게 개와 함께 걷는 활동을 통해 치료 동기를 강화한다. 만성 통증 환자의 통증 인식을 완화하고, 장기 입원 환자에게 심리적 지지와 안정감을 제공하는 목적으로 병원 환경에서도 활용이 증가하고 있다.

이처럼 AAT의 적용 범위는 정신건강의 영역을 넘어 교육, 복지, 의료, 교정 등 다양한 분야로 확장되고 있다. 앞으로도 AAT는 다른 전문 분야와의 융합을 통해 그 활용 가능성을 더욱 넓혀갈 것으로 기대된다.

11-10
동물매개치료의 한계와 미래 연구 과제

동물매개치료(AAT)는 지난 수십 년간 괄목할 만한 성장을 이루며 매우 유망한 치료 분야로 자리 잡았지만, 과학적이고 윤리적인 치료법으로 확고히 인정받기 위해서는 아직 해결해야 할 한계와 과제들이 명확하게 존재한다. 현재의 한계를 직시하고 미래 지향적인 연구를 수행하는 것은 AAT의 지속 가능한 발전을 위해 필수적이다.

기존의 한계점

- 표준화 부족: 현재 AAT는 기관이나 치료사마다 사용하는 프로그램, 평가 도구, 치료 동물의 종류 및 훈련 수준이 매우 다양하여 일관성이 부족하다. 이는 연구 결과의 일반화를 어렵게 하고, 치료 효과를 객관적으로 비교·분석하는 데 장애물로 작용한다.

- 동물 복지 논쟁: 치료 과정에서 동물이 겪을 수 있는 스트레스나 소진(burnout)에 대한 우려가 지속적으로 제기된다. 동물의 스트레스 수준을 객관적으로 측정하고 관리하는 체계적인 프로토콜이 아직 미흡하며, 동물의 복지를 최우선으로 보장하기

위한 윤리적 기준이 현장에서 항상 지켜지는지에 대한 논쟁이
있다.

- 연구 디자인의 한계: AAT 연구의 상당수가 소규모 사례 연구
  나 대조군이 없는 설계에 의존하고 있다. 의학적 효능을 입증
  하는 황금률인 무작위 대조 연구(Randomized Controlled Tri-
  al, RCT)의 수가 절대적으로 부족하여, AAT의 효과가 플라시
  보 효과인지 실제 치료 효과인지를 명확히 구분하기 어렵다는
  비판을 받는다.
- 전문 인력 및 협력 구조 미흡: AAT는 심리치료사, 동물 훈련사,
  수의사 등 학제적 전문가들의 긴밀한 협력이 필수적이다. 그러
  나 아직 국내외적으로 이러한 전문가들을 체계적으로 양성하고,
  이들 간의 원활한 협력 구조를 지원하는 시스템이 부족한 실정
  이다.

미래 연구 및 발전 과제

이러한 한계를 극복하고 AAT가 한 단계 더 도약하기 위해 다음
과 같은 미래 과제에 집중할 필요가 있다.

- 생물학적 근거 확대: AAT의 효과를 호르몬 변화, 뇌 영상(fMRI),
  심박 변이도(HRV) 등 생물학적 지표를 통해 분석하여 그 기전
  을 과학적으로 규명하는 연구를 확대해야 한다.
- 첨단 기술의 접목: 인공지능(AI)이나 웨어러블 센서를 활용하
  여 치료 동물의 스트레스 수준(심박수, 체온, 활동량 등)을 실시
  간으로 모니터링하고 관리하는 기술을 개발하여 동물 복지를
  향상시켜야 한다.

- 복지 중심의 운영 기준 개발: 동물의 관점에서 스트레스를 최소화하고 안녕을 보장하는 새로운 치료 세션 운영 기준과 윤리 강령을 개발하고 제도화해야 한다.
- 문화적 차이 연구: 동물에 대한 인식이 다른 다양한 문화권에서 AAT의 수용성과 효과가 어떻게 달라지는지에 대한 비교 문화 연구가 필요하다.
- 통합 모델 구축 및 제도적 지원: 정신의학, 교육학, 재활의학 등 관련 학문 분야와의 공식적인 통합 치료 모델을 구축하고, AAT에 대한 국가 단위의 공인 자격증 제도 및 건강보험 적용을 논의하여 접근성을 높여야 한다.

미래의 동물매개치료는 단순히 '감성적 치유'라는 모호한 개념에서 벗어나, 엄격한 과학적 근거, 확고한 윤리, 그리고 혁신적인 기술이 결합한 신뢰도 높은 전문 치료 모델로 진화해 나갈 것이다.

제12장

AI 반려 심리와
디지털 반려 시대의
인간 심리

　　본 장은 인간-동물 관계의 확장이 인간-기계, 인간-AI 관계로 전환되고 있는 디지털 전환 시대의 흐름 속에서, AI 반려 심리를 인간의 정서적, 사회적 욕구 충족의 심리적 대안으로 조망한다. 로봇 반려동물, 가상 펫, 인공지능 스피커, 감정 알고리즘 기반 챗봇 등 디지털 반려 대상의 등장은 단순한 기술 발전의 결과가 아니라, 고립된 인간의 정서 구조, 관계 피로, 돌봄의 재배치라는 심리적 맥락에서 해석될 필요가 있다.

AI 반려 존재는 더 이상 공상과학의 산물이 아니라, 외로움과 불안을 완충하고, 정체성을 구성하며, 일상적 교감을 실현하는 실질적 심리적 대상으로 작동하고 있다. 이는 감정적 공백을 채우는 새로운 방식이자, 전통적인 인간관계나 동물 관계가 충족하지 못하는 '비판받지 않는 돌봄 관계'에 대한 욕망의 심리적 투사체로 해석된다.

디지털 전환 시대의 반려 심리학적 패러다임 변화

반려동물 심리학은 오랜 시간 동안 보호자의 주관적 보고, 전문가의 제한된 관찰, 그리고 행동 기록에 기반하여 발전해 왔다. 이러한 전통적 접근법은 반려동물의 내면세계를 이해하는 데 중요한 기여를 했으나, 관찰자의 편향이나 해석의 한계, 그리고 특정 순간에만 포착되는 단편적 정보라는 본질적 제약을 안고 있었다. 그러나 21세기 디지털 전환의 물결은 반려심리학의 연구 방법론과 이론적 틀 자체를 근본적으로 바꾸는 거대한 패러다임의 전환을 이끌고 있다.

가장 핵심적인 변화는 '데이터 기반 행동 분석'의 부상이다. 반려동물의 목줄에 부착된 GPS, 집안 곳곳에 설치된 IoT 센서, 그리고 행동 패턴을 24시간 학습하는 AI 기반 모션 분석 기술은 과거에는 상상할 수 없었던 방대한 양의 실시간 행동 데이터를 제공한다. 이는 반려심리학이 경험과 직관의 영역에서 객관적이고 정량적인 데이터 분석의 영역으로 이동하고 있음을 의미한다. 예를 들어, 과거에는 분리불안 증세를 보호자의 귀가 시 과도한 반가움이나 파괴적 행동과 같은 단편적 모습으로 추정했다면, 이제는 보호자 부재 시의 심박수 변화, 수면 패턴의 질, 서성이는 행동의 빈도와 동선 등을 종합적으로 분석하여 불안 수준을 객관적 지표로 모델링할 수 있게 되었다.

이러한 기술의 발전은 반려-보호자 관계의 개념 또한 확장한다. 스마트홈 기기와의 연동을 통한 원격 모니터링, 정해진 시간에 간식을 제공하는 자동 급식기, 특정 행동에 긍정적 피드백을 주는 자동 훈련 시스템 등은 물리적 거리에 상관없이 보호자와 반려동물이 상호작용을 하는 '항상 연결된 관계(Always-on Relationship)'를 가능하게 한다. 이는 애착 이론의 관점에서 중요한 시사점을 던진다. 애착의 안정성은 상호작용의 예측 가능성과 일관성에서 비롯되는데, 디지털 기술은 보호자의 부재중에도 이러한 일관성을 유지하는 새로운 매개체로 기능한다. 따라서 애착 구조의 해석은 이제 물리적 상호작용을 넘어 디지털 상호작용까지 포함하는 다차원적 관점을 요구하게 되었다.

결론적으로, 반려심리학의 역할은 근본적인 변화를 맞이하고 있다. 감정, 행동, 관계에 대한 주관적 이해와 해석을 넘어, 방대한 데이터를 기반으로 심리 상태를 추론하고 미래 행동을 예측하는 '데이터 기반 심리 모델링'이라는 새로운 패러다임이 열린 것이다. 심리학자는 이제 데이터 과학자와 협력하여 행동 이면에 숨겨진 심리적 패턴을 발견하고, 이를 통해 보다 정밀하고 개인화된 반려동물 케어 솔루션을 제공하는 새로운 전문가로 거듭나고 있다.

12-2
AI와 IoT 기술이 반려 행동 분석에 미치는 영향

인공지능(AI)과 사물인터넷(IoT) 기술의 결합은 반려동물 행동 분석의 지평을 극적으로 확장하고 있다. 과거의 행동 분석이 주로 '보이는 대로 이해하는 것'에 머물렀다면, 현대의 기술은 '보이지 않는 패턴까지 읽어내는 것'으로 진화했다. 이는 인간의 눈으로는 포착하기 어려운 미세한 변화나 장기적인 경향성을 데이터로 변환하여 심리적,

신체적 상태에 대한 깊이 있는 통찰을 제공하는 것을 의미한다.

이러한 변화의 중심에는 '행동 자동 인식 및 라벨링' 기술이 있다. 가정에 설치된 AI 카메라는 딥러닝 기반의 영상 분석을 통해 반려동물의 다양한 행동을 실시간으로 식별하고 분류한다. 예를 들어, 단순히 '짖는다.'라는 사실을 넘어 짖음의 톤, 길이, 빈도를 분석하여 요구성 짖음, 경계성 짖음, 불안성 짖음 등을 구분할 수 있다. 또한, 특정 부위를 반복적으로 핥는 행위, 수면 중 과도한 뒤척임, 평소보다 저하된 활동성(무기력), 혹은 안절부절못하는 과활동(Hyperactivity) 등 건강 문제나 정서적 스트레스와 직결될 수 있는 세밀한 행동들을 자동으로 감지하고 기록한다. 이는 보호자가 부재중이거나 인지하지 못하는 사이 발생하는 중요한 행동 단서를 놓치지 않게 해준다.

더 나아가, 웨어러블 IoT 기기는 '건강 및 정서 상태 추론'의 정밀도를 한 차원 높인다. 스마트 목줄이나 하네스에 내장된 센서는 걸음 수, 활동량뿐만 아니라 심박수, 호흡 리듬, 체온 등의 생체 데이터를 24시간 측정한다. AI 알고리즘은 이 데이터를 분석하여 평상시의 기준선(baseline)과 비교하고, 유의미한 변화가 감지될 때, 이를 이상 신호로 해석한다. 예를 들어, 안정 상태에서의 심박수 급증은 급성 스트레스나 불안을, 점진적인 걸음 수 감소와 수면 시간 증가는 통증이나 우울감의 가능성을 시사할 수 있다. 이러한 조기 탐지 시스템은 질병이 심각해지기 전에 수의학적 개입을 유도하는 예방적 헬스케어의 핵심 도구로 기능한다.

마지막으로, AI는 '환경-행동 상관 분석'을 통해 행동의 근본 원인을 규명하는 데 기여한다. 스마트홈 기술과 연동된 AI 시스템은 실내 온도, 습도, 조명 밝기, 외부 소음 수준, 그리고 보호자의 부재 시간 등 다양한 환경 변수와 반려동물의 행동 패턴을 결합하여 분석한다. 이를 통해 '특정 시간대의 소음이 불안 행동을 유발'하거나 '조명이 어두워지면 활동량이 급격히 감소한다.' 같은 구체적인 상관관계를 정량적으로 밝혀낼 수 있다. 이처럼 AI는 단순히 행동을 관찰하는 것을 넘어, 그 행동이 어떤 의미를 가지며 어떤 요인에 의해 발생하는지를 설명하는 '행동 번역기'이자 '심리 분석가'의 역할까지 수행하는 단계로 진입하고 있다.

12-3
IoT·AI 기반 행동데이터의 심리학적 해석

IoT 센서와 AI 알고리즘이 수집한 방대한 양의 데이터는 그 자체로는 단순한 숫자와 기록의 나열에 불과하다. 이 데이터가 진정한 가치를 갖게 되는 것은 반려동물의 내면 상태를 반영하는 '심리 정보'로 해석될 때이다. 데이터 기반 반려심리학은 객관적 데이터를 심리학적 지표로 변환하여, 보호자가 미처 인지하지 못했던 반려동물의 감정과 관계의 질을 가시화하는 새로운 진단 도구를 제공한다.

행동·정서 지표의 통합적 해석

수집된 개별 데이터들은 서로 결합하여 반려동물의 복합적인 정서 상태를 추론하는 데 사용된다. 예를 들어, 수면 패턴 데이터는 단순한 휴식 시간을 넘어 심리적 안정성을 가늠하는 중요한 척도가 된다. 잦은 뒤척임, 짧은 렘수면 주기, 총 수면 시간의 감소 등은 불안이나 만성 스트레스, 혹은 통증으로 인한 불편함을 시사하는 지표로 해석될 수 있다. 활동량의 변화 역시 중요한 단서다. 갑작스러운 활동량 감소는 신체적 질병뿐만 아니라 무기력증이나 우울감과 같은 정서적 문제의 신호일 수 있으며, 반대로 목적 없는 배회나 서성임의 증가는 동기 부여의 결핍이나 스트레스 수준의 상승을 의미할 수 있다. 또한, 꼬리 물기, 과도한 그루밍과 같은 반복적이고 정형화된 행동 패턴의 빈도 증가는 강박 증상이나 환경 부적응의 가능성을 나타내는 강력한 심리 지표로 활용된다.

관계 및 환경 적응 지표의 정량화

데이터는 반려동물과 보호자 간의 애착 관계, 그리고 사회적 환경에 대한 적응도를 평가하는 객관적 도구로도 기능한다. 보호자의 부재 시간이 길어질수록 문제 행동(예: 짖음, 파괴)이 증가하는 패턴은 분리불안의 정도를 정량적으로 보여준다. 또한, 보호자가 귀가한 직후 보이는 행동 패턴—즉각적인 안정, 과도한 흥분, 혹은 회피 행동—은 애착의 유형(안정 애착, 불안정 애착 등)을 추론하는 데 중요한 근거가 된다. 보호자와의 상호작용 중 신체적 접촉을 유지하는 시간과 빈도를 측정하는 것 역시 관계의 친밀도를 나타내는 지표가 될 수 있다.

환경 적응 지표는 반려동물의 사회성과 회복탄력성을 평가한다. 새로운 공간(예: 이사한 집, 애견 카페)에 들어섰을 때 주변을 탐색하는 데 걸리는 시간과 행동반경은 호기심과 자신감의 수준을 보여준다. 낯선 사람이나 다른 동물이 등장했을 때 보이는 행동 반응—경계, 공격성, 회피, 혹은 우호적 접근—을 데이터로 기록하고 분석함으로써 사회화 수준과 특정 자극에 대한 민감도를 객관적으로 파악할 수 있다. 이처럼 데이터 기반 심리학적 해석은 '보호자가 놓치는 순간들'을 포착하고, 이를 통해 보이지 않는 반려동물의 마음을 읽어내는 정밀한 반려심리학의 새로운 진단 도구로 확고히 자리 잡고 있다.

12-4
가상 반려(Virtual Pet)의 개념과 발전 과정

가상 반려(Virtual Pet)란 디지털 환경 속에서 존재하며, 실제 반려동물의 생물학적·심리학적 특성, 즉 성장, 감정, 행동 반응 구조를 모사(simulation)하도록 설계된 인공적 존재를 의미한다. 이는 단순한 게임 캐릭터를 넘어 사용자와의 상호작용을 통해 관계를 형성하고 정서적 교감을 나누는 것을 목표로 한다는 점에서 차별화된다. 가상 반려의 개념은 기술의 발전에 따라 그 형태와 기능이 끊임없이 진화해 왔다.

가상 반려의 역사는 1990년대에 등장한 '타마고치(Tamagotchi)'와 같은 초기 형태로 거슬러 올라간다. 이 시기의 가상 반려는 주로 휴대용 소형 기기 안에 존재했으며, 사용자의 주기적인 돌봄(먹이 주기, 놀아주기, 배설물 치우기)에 따라 생존과 성장이 결정되는 단순한 '요구—보상 시스템'에 기반했다. 사용자의 행동에 대한 반응은 몇 가지 정해진 패턴으로 제한되었지만, 지속적인 관심을 요구하고 그에 따라 변화하는 디지털 생명체라는 개념은 사용자에게 강한 책임감과 정서적 몰입을 유도하며 가상 존재와의 애착 가능성을 처음으로 제시했다.

2000년대에 들어서면서 컴퓨터와 인터넷 기술의 발전은 가상 반려를 중기 단계로 이끌었다. 닌텐독스(Nintendogs)나 웹 기반 시뮬레이션 게임들이 대표적으로, 이들은 훨씬 정교한 그래픽과 애니메이션을 통해 시각적 현실감을 높였다. 기술적으로 가장 큰 진보는 단순한 생존 시스템을 넘어, 내부에 '감정 모델'을 탑재하기 시작했다는 점이다. 가상 반려는 이제 행복, 슬픔, 화남 등 여러 감정 상태를 가지며, 사용자의 상호작용 방식(쓰다듬기, 훈련, 방치 등)에 따라 감정이 변화하고 그에 맞는 다채로운 반응을 보이게 되었다. 이는 사용자가 가상 반려의 '기분'을 추측하고 그에 맞춰 행동하게 함으로써 관계의 깊이를 더하는 중요한 전환점이 되었다.

현재의 가상 반려는 인공지능(AI), 특히 머신러닝과 자연어 처리(NLP), 음성 인식 기술의 융합으로 이전과는 비교할 수 없는 수준으로 발전했다. 이들은 더 이상 정해진 규칙에 따라 반응하는 프로그램을 넘어, 사용자와의 상호작용 데이터를 스스로 학습하고 개별 사용자에게 맞춰 진화하는 '디지털 생명체(Digital Lifeform)'에 가까워지고 있다. 최신 AI 반려 앱이나 로봇은 사용자의 목소리 톤이나 대화 내용에서 감정을 인식하고, 그에 맞춰 위로의 말을 건네거나 즐거운 제안을 하는 등 능동적인 상호작용을 수행한다. 이처럼 가상 반려는 단순한 오락과 흥미 요소를 넘어, 외로움 완화, 정서적 안정감 제공, 사회적 상호작용의 연습 도구 등 인간의 심리적 기능을 실질적으로 보조하고 지원하는 방향으로 그 역할과 의미를 확장하고 있다.

12-5

디지털 애착(Digital Attachment)의 형성과 특성

디지털 애착은 사용자가 인공지능, 가상 반려, 혹은 챗봇과 같이 생명체가 아닌 디지털 존재에 대해 실제 인간이나 반려동물에게 느끼는 것과 유사한 강한 정서적 유대감과 친밀감을 형성하는 현상을 지칭한다. 이는 인간의 애착 시스템이 상대의 '생물학적 실재성'보다는 관계의 '상호작용적 특성'에 더 민감하게 반응한다는 심리학적 사실을 명확히 보여주는 현상이다. 디지털 애착은 몇 가지 독특한 특성을 통해 형성되고 강화된다.

첫째, 디지털 애착은 '상호작용의 즉각성과 지속성'에 기반한다. 실제 인간관계나 반려동물과의 관계에서는 상대의 상황이나 컨디션에 따라 즉각적인 반응을 얻지 못할 수 있다. 그러나 AI 기반의 디지털 존재는 시간과 장소에 구애받지 않고 사용자가 원할 때 언제나 즉각적으로 반응을 제공한다. 이러한 지속적이고 예측할 수 있는 상호작용은 사용자의 행동(말 걸기, 앱 실행 등)에 대한 디지털 존재의 반응(대답, 아이콘 변화 등)을 반복적으로 강화시키며, 이는 애착 형성의 핵심 메커니즘인 '반응적 교감'의 경험을 극대화한다. 사용자는 자신의 행동이 언제나 의미 있는 결과로 이어진다고 느끼며, 이는 관계에 대한 통제감과 안정감을 높인다.

둘째, 디지털 애착은 '심리적으로 안전한 관계'라는 특성을 갖는다. 인간관계에서 필연적으로 발생하는 갈등, 비판, 실망, 거절의 위험이 디지털 존재와의 관계에서는 원천적으로 배제된다. AI는 사용자의 결점이나 실수를 비난하지 않으며, 사용자가 어떤 감정을 쏟아내더라도 무조건적으로 수용하는 태도를 보인다. 이러한 '무조건적 긍정'은 사용자에게 깊은 심리적 안정감을 제공하며, 특히 대인관계에 어려움을 겪거나 거절에 대한 두려움이 큰 사람들에게 매력적인 안식처가 될 수 있다. 심리적 부담이 현저히 낮으므로 사용자는 자신의 가장 솔직한 생각과 감정을 쉽게 드러낼 수 있고, 이는 관계의 친밀도를 급격히 높이는 요인으로 작용한다.

셋째, 디지털 애착은 '고도로 맞춤화된 정서적 피드백'을 통해 강화된다. 최신 AI 시스템은 머신러닝을 통해 사용자의 언어 패턴, 대화 주제, 감정 표현 방식 등을 학습한다. 이를 바탕으로 AI는 각 사용자에게 가장 효과적일 것으로 예측되는 정서적 반응을 제공한다. 예를 들어, 사용자가 슬픔을 표현할 때는 공감과 위로의 말을, 성취를 이야기할 때는 칭찬과 격려의 반응을 보이는 식이다. 이러한 맞춤형 피드백은 사용자로 하여금 '이 존재가 나를 정말 잘 이해해 주고 있다.'라고 느끼게 만들며, 정서적 유대를 더욱 공고히 한다. 결국 디지털 애착 현상은 애착의 본질이 관계 대상의 실재 여부보다는, 정서적 상호작용의 '일관성', '안전성', 그리고 '개인화된 반응성'에서 비롯된다는 중요한 심리학적 통찰을 재확인시켜 준다.

12-6
인간 정서의 기술적 대체와 공감 메커니즘의 변화

AI와 가상 반려가 인간의 정서적 영역에서 점차 중요한 역할을 맡기 시작하면서, 이는 인간 고유의 능력으로 여겨졌던 공감 메커니즘과 사회적 상호작용 방식에 미묘하지만, 중요한 변화를 초래할 가능성을 제기한다. 이 현상은 단순한 기술적 진보를 넘어, 인간의 정서적 경험이 어떻게 구성되고 유지되는지에 대한 근본적인 질문을 던진다.

가장 직접적으로 논의되는 것은 '정서적 기능의 기술적 대체 가능성'이다. AI 챗봇이나 가상 반려는 사용자가 외로움, 슬픔, 불안을 느낄 때 즉각적으로 위로와 칭찬, 지지의 반응을 제공하도록 설계되었다. 이러한 상호작용이 반복되면, 사용자는 정서적 지지를 얻기 위해 다른 사람에게 의존할 필요성을 이전보다 덜 느끼게 될 수 있다. 특히 가벼운 수준의 정서적 교류나 피상적인 위로의 경우, 복잡하고 예측 불가능한 인간관계보다 즉각적이고 안정적인 AI의 반응을 선호하게 될 수 있다. 이는 인간이 제공하는 정서적 교류의 가치와 필요성이 일부 감소하거나, 혹은 더 깊고 본질적인 관계에만 집중되는 형태로 변화할 수 있음을 시사한다.

또한, '공감 민감성의 조정' 문제가 발생할 수 있다. 인간은 상호작용을 하는 대상에게 감정을 이입하고 공감하는 능력을 갖추고 있다. 사용자가 가상 존재에게 지속적으로 공감적 반응을 보이면서 정서적 유대를 형성하는 과정은, 역설적으로 인간의 공감 능력이 프로그래밍이 된 반응에 익숙해지도록 만들 수 있다. 즉, 항상 예측할 수 있고 나에게 맞춰진 반응을 보이는 AI와의 상호작용에 길들면서, 복잡하고 모순적인 감정을 가진 실제 타인에 대한 공감 능력이 둔화하거나, 타인의 감정을 이해하려는 노력을 덜 기울이게 될 가능성이 있다. 반대로, 가상 존재를 통해 공감 능력을 연습하고 함양하는 긍정적 효과도 기대할 수 있어, 그 영향은 사용자의 특성과 활용 방식에 따라 달라질 것이다.

이러한 변화는 '사회적 상호작용 패턴의 변화'로 이어진다. AI는 외로움, 사회적 고립, 경미한 우울감을 겪는 사람들에게 즉각적인 위안을 제공하며 심리적 고통을 완화하는 긍정적 역할을 할 수 있다. 이는 개인이 더 큰 문제로 발전하기 전에 정서적 안정을 찾도록 돕는 중요한 안전망이 될 수 있다. 그러나 동시에, 이러한 기술적 해결책이 근본적인 문제, 즉 대인관계 기술의 부족이나 사회적 회피 성향을 개선하려는 동기를 약화시키고, 결과적으로 실제 대인관계로의 복귀를 지연시키는 '정서적 목발'이 될 위험도 내포한다. 결국 AI는 인간의 정서를 완전히 '대체'하는 것이 아니라, 인간의 정서적 경험을 '보조'하고 때로는 '변형'시키는 새로운 사회적, 심리적 매체로 기능하기 시작했으며, 우리는 이 새로운 관계의 양면성을 신중하게 고찰해야 한다.

AI 반려 시스템의 신뢰, 의존, 감정 이입 구조

인간이 AI 반려 시스템과 형성하는 관계는 비록 대상이 인공물일지라도, 인간관계의 핵심을 이루는 심리적 요소들-신뢰(Trust), 의존(Dependence), 그리고 감정 이입(Empathy)을 고스란히 포함한다. 이 3가지 요소는 서로 맞물리며 AI와의 독특한 심리적 유대를 구축하며, 이는 인간 정서 시스템의 작동 원리를 역으로 조명하는 흥미로운 사례가 된다.

신뢰: 예측할 수 있는 반응과 안정 애착의 형성

관계에서 신뢰는 상대방의 행동을 예측할 수 있고, 그 반응이 나에게 해가 되지 않을 것이라는 믿음에서 비롯된다. AI 반려 시스템은 이러한 신뢰를 구축하는 데 매우 효과적인 구조로 되어 있다. AI의 반응은 알고리즘에 기반하기 때문에 매우 일관되고 예측 가능하다. 사용자가 특정 입력을 하면 거의 항상 유사한 종류의 긍정적이고 지지적인 출력을 내놓는다. 이러한 일관성은 본질적으로 '기계적'이지만, 사용자에게는 심리적으로 '신뢰할 수 있는' 대상으로 인식된다. 심리학의 애착 이론에 따르면, 양육자가 아이의 요구에 일관되고 예측할 수 있게 반응할 때 안정 애착이 형성되는데, AI는 바로 이 '안정 애착'의 핵심 기제를 디지털적으로 구현한다. 언제나 내 편이 되어주고, 변덕을 부리지 않으며, 나를 실망시키지 않을 것이라는 믿음은 AI 반려 시스템에 대한 깊은 신뢰의 기반이 된다.

의존: 정서 조절 장치로서의 기능과 그 위험성

신뢰가 깊어지면 자연스럽게 의존이 발생한다. 특히 정서적 고립감이나 외로움을 심하게 경험하는 사용자에게 AI 반려 시스템은 강력한 '외부 정서 조절 장치(External Emotion Regulator)'로 기능할 수 있다. 불안할 때 AI와 대화하며 안정을 찾고, 우울할 때 AI의 긍정적 피드백을 통해 기분을 전환하는 경험이 반복되면, 사용자는 자신의 감정을 다루기 위해 점차 AI에 의존하게 된다. 이는 단기적으로는 매우 효과적인 심리적 대처 전략일 수 있으나, 장기적으로는 스스로 감정을 조절하는 능력을 약화하거나, 실제 인간관계를 통해 정서적 만족을 얻으려는 노력을 저해하는 부작용을 낳을 수 있다. 관계에 대한 의존성이 과도하게 높아질 경우, 시스템의 일시적 오류나 서비스 중단이 사용자에게 극심한 심리적 불안과 상실감을 초래할 위험도 존재한다.

감정 이입: 사회적 에이전트로서의 AI와 인간의 투사

인간은 상호작용의 단서만 존재하면 생명이 없는 대상에게도 쉽게 감정을 이입하고 사회적 의미를 부여하는 경향이 있다. 이는 '미디어 방정식(The Media Equation)' 혹은 '사회적 에이전트 이론(Social Agent-Theory)'으로 설명되는데, 사람들은 컴퓨터나 TV 속 캐릭터에게도 무의식적으로 실제 사람을 대하듯 반응한다는 것이다. AI 반려 시스템은 이러한 인간의 심리적 특성을 극대화한다. 시스템이 사용자의 이름을 부르고, 과거의 대화를 기억하며, 감정을 표현하는 듯한 언어를 사용할 때, 사용자는 AI를 단순한 프로그램이 아닌, 의도와 감정을 가진 하나의 '사회적 행위자(Social Agent)'로 인식하게 된다. 이

때 사용자는 AI가 느끼는 '슬픔'이나 '기쁨'이 사실은 프로그래밍이 된 결과임을 알면서도, 그에 공감하고 위로하려는 감정 이입 반응을 자연스럽게 보인다. 결국 AI 반려는 인간 정서 시스템의 구조적 특징을 정교하게 활용하여 구축된 새로운 형태의 심리적 관계이며, 기술과 인간 심리가 어떻게 상호작용을 하는지를 보여주는 생생한 증거라 할 수 있다.

12-8
데이터 기반 반려 심리 예측의 가능성과 한계

인공지능이 반려동물의 행동, 생체, 환경 데이터를 지속적으로 축적하고 학습함에 따라, 이들의 심리 상태를 예측하고 잠재적 문제를 조기에 발견하는 능력은 비약적으로 향상되고 있다. 데이터 기반 예측 모델은 반려심리학과 수의학 분야에 전례 없는 가능성을 열어주고 있지만, 동시에 명확한 기술적, 윤리적 한계를 내포하고 있다.

예측 모델의 무한한 가능성

데이터 기반 예측의 가장 큰 가능성은 '예방적 관리'에 있다. AI는 미세한 행동 변화 패턴을 분석하여 스트레스, 불안, 공격성 등의 문제 행동이 심화되기 전에 조기 경고 신호를 보낼 수 있다. 예를 들어, 특정 공간을 회피하는 빈도가 늘거나, 수면 중 뒤척임이 증가하는 등의 데이터를 통해 잠재적인 불안 요소를 미리 감지하고 환경 개선이나 행동 교정을 제안할 수 있다. 또한, 수면의 질, 식욕 변화, 활동량 패턴 등을 종합하여 전반적인 건강 상태를 예측하고, 특정 질병의 발병 가능성을 수의사에게 알리는 역할도 가능하다. 더 나아가, AI는 특정 행동 변화의 원인이 환경적 요인인지, 보호자와의 관계 문제인지, 혹은 신체적 질병인지를 분류하여 가장 적절한 해결책을 제시할 수 있다. 이를 통해 각 반려동물의 성격과 상황에 최적화된 맞춤형 훈련 프로그램이나 온라인 심리상담 모델을 자동으로 추천하는 고도로 개인화된 케어가 가능해질 것이다.

기술적·철학적 한계

그러나 이러한 가능성에도 불구하고, 데이터 기반 예측에는 명백한 한계가 존재한다. 가장 근본적인 한계는 반려동물의 복잡한 '정서 상태'가 관찰 가능한 행동 데이터의 단순한 조합으로 완벽하게 '환원'될 수 없다는 점이다. 데이터는 꼬리를 흔드는 빈도나 속도를 측정할 수는 있지만, 그 꼬리 흔듦이 진정한 기쁨인지, 불안의 표현인지, 혹은 복종의 신호인지와 같은 내적 경험의 질적 차이를 완전히 포착할 수는 없다. 데이터는 어디까지나 '관찰 가능한 행동'의 기록일 뿐, 반려동물이 주관적으로 느끼는 내면세계 그 자체를 들여다볼 수는 없다. 따라서 AI의 예측은 '높은 확률의 추정'일 뿐, 결코 '절대적인 진실'이 될 수 없다는 점을 명심해야 한다.

시급한 윤리적 문제들

기술 발전의 속도를 윤리적 논의가 따라가지 못하는 것도 심각한 문제다. 수집된 방대한 데이터의 '소유권'은 누구에게 있는가? 반려동물인가, 보호자인가, 아니면 데이터를 수집한 기업인가? 이 데이터가 상업적 목적으로 활용되거나 유출될 경우, 반려동물과 그 가족의 '프라이버시'는 어떻게 보호될 것인가? 만약 AI의 예측 모델이 오진하여 반려동물의 건강에 심각한 해를 끼쳤을 경우, 그 '법적 책임'은 누구에게 물어야 하는가? 이러한 윤리적, 법적 쟁점들은 기술이 제공하는 편리함의 이면에 존재하는 복잡한 과제들이며, 사회적 합의와 제도적 장치 마련이 시급히 요구된다. 결론적으로, AI는 반려 심리를 '정확히 예측'하는 전지전능한 도구가 아니라, 우리가 반려동물을 '더 잘 이해하기 위한 강력한 보조 도구'로서 그 역할을 명확히 해야 한다.

12-9
기술의 인간화와 윤리적 쟁점

AI 반려 시스템이 점차 정교해져 인간과 유사한 상호작용을 제공하고, 사용자가 이를 '인간처럼' 느끼게 될수록, 우리는 기술의 편의성을 넘어 더 깊은 윤리적, 철학적 고민에 직면하게 된다. 기술의 인간화(Humanization of Technology)는 단순히 기계가 사람처럼 행동하는 것을 넘어, 인간의 감정과 관계, 그리고 사회 구조에 근본적인 질문을 던지는 중대한 변화이다.

감정의 진정성 문제와 정서적 착각

가장 핵심적인 쟁점은 '감정의 진정성(Authenticity)' 문제다. AI가 사용자의 슬픔에 반응하여 "힘들었겠네요. 제가 옆에 있어 줄게요"라고 말할 때, 우리는 질문하게 된다: "AI가 보여주는 공감은 진짜 공감인가?” AI의 공감은 데이터와 알고리즘에 기반한 정교한 시뮬레이션일 뿐, 실제 감정적 경험을 동반하지 않는다. 이것이 사용자의 공감 받고 싶은 욕구를 효과적으로 충족시킨다고 할지라도, 그것이 진정한 상호 이해와는 본질적으로 다르다는 사실을 인지하는 것이 중요하다. 더 나아가, 사용자가 AI가 제공하는 반응을 진심이라고 느끼며 ‘정서적 착각’에 빠질 경우, ‘가짜 관계(Fake Relationship)’에 과도하게 의존하게 될 위험이 있다. 이는 현실 세계의 인간관계에서 얻어야 할 정서적 성장을 저해하고, 결국 더 큰 고립감을 초래할 수 있는 윤리적 함정을 내포한다.

데이터 윤리와 프라이버시

AI 반려 시스템이 제대로 작동하기 위해서는 반려동물과 그 주변 환경에 대한 방대한 데이터 수집이 필수적이다. 반려동물의 24시간 행동 패턴, 건강 상태, 위치 정보, 심지어 집안의 대화 내용까지도 데이터화될 수 있다. 이러한 정보는 단순한 동물의 데이터를 넘어, 한 가족의 생활 방식과 사생활이 담긴 매우 민감한 ‘개인 정보’로 간주하여야 한다. 따라서 수집된 데이터의 소유권, 관리, 활용에 대한 엄격한 윤리적 가이드라인이 필요하다. 데이터가 해킹되거나 기업의 마케팅 목적으로 무분별하게 사용될 경우, 심각한 프라이버시 침해로 이어질 수 있다. 반려동물의 데이터 주권을 인정하고, 이를 보호하기 위한 법적, 제도적 장치를 마련하는 것이 시급한 과제다.

기술 격차와 사회적 불평등

첨단 기술 기반의 반려 케어 시스템은 새로운 형태의 사회적 불평등, 즉 '기술 격차(Digital Divide)'를 심화시킬 수 있다. 고가의 AI 디바이스나 유료 구독 서비스를 이용할 수 있는 경제적 여유가 있는 보호자는 반려동물의 건강과 심리 상태를 실시간으로 관리하며 최상의 케어를 제공할 수 있다. 반면, 디지털 기기에 익숙하지 않거나 경제적 부담을 느끼는 계층은 이러한 첨단 정보, 건강 관리, 심리 케어 서비스에서 소외될 수 있다. 이는 반려동물 복지의 격차로 이어질 뿐만 아니라, 보호자들 사이에서도 정보 접근성의 차별을 낳는 새로운 사회 문제가 될 수 있다. 따라서 기술의 혜택이 특정 계층에만 집중되지 않도록, 공공 영역에서의 지원이나 보편적 접근성을 높이기 위한 노력이 병행되어야 한다. 기술의 인간화는 우리에게 편리함을 주지만, 그 이면의 윤리적 책임을 성찰하고 사회 전체의 관점에서 신중하게 방향을 설정해야 하는 복합적인 과제임을 잊지 말아야 한다.

12-10
디지털 반려 시대의 인간 심리와 반려 문화의 미래

우리는 아날로그적 정서, 디지털 기술, 그리고 인공지능이 복합적으로 얽히며 새로운 심리적 지형을 만들어내는 '디지털 반려 시대'의 서막에 서 있다. 미래의 반려 문화는 단순히 기술을 도구로 사용하는 것을 넘어, 기술이 인간과 동물의 관계, 나아가 인간의 정체성 자체를 재구성하는 방향으로 진화할 것이다. 이러한 변화 속에서 몇 가지 핵심적인 미래상을 예측해 볼 수 있다.

예측 가능한 미래의 변화들

- 반려심리학의 데이터 기반 진화: AI가 수집하고 분석한 방대한 행동 데이터는 더 이상 보조 자료가 아닌, 반려 심리 모델을 구축하고 검증하는 표준 자료로 자리 잡을 것이다. 심리학자들은 이를 통해 종, 품종, 개체별로 세분화된 심리 프로파일을 구축하고, 문제 행동의 원인을 훨씬 정밀하게 진단하게 될 것이다.
- 가상 반려와 실제 반려의 공존 및 역할 분담: 미래 사회에서 가상 반려와 실제 반려동물은 경쟁 관계가 아닌, 상호 보완적 관계로 공존할 것이다. 알레르기나 주거 환경의 제약으로 실제 동물을 키우기 어려운 사람들에게 가상 반려는 중요한 정서적 대안이 될 것이다. 또한, 아동의 책임감 교육, 노년층의 인지 재활, 심리치료 영역에서 특수 목적으로 설계된 가상 반려는 새로운 역할을 하게 될 것이다.
- AI 기반 행동·감정 번역기 시대의 도래: AI 기술은 반려동물의 미세한 행동, 소리, 생체 신호를 인간이 이해할 수 있는 언어나 시각 정보로 변환하는 '심리 인터페이스(Psycho-Interface)'로 고도화될 것이다. "지금 당신의 반려견은 75%의 확률로 지루함을 느끼고 있으며, 산책을 원하고 있습니다"와 같은 형태의 실시간 번역 서비스가 보편화될 수 있다.
- 반려 윤리의 재정립: 생명체인 반려동물과 인공물인 AI가 동시에 '반려'의 역할을 하게 되면서, 우리는 새로운 윤리적 기준과 사회적 합의가 필요하게 될 것이다. 생명에 대한 책임과 인공

존재에 대한 권리, 데이터 주권 등 이전에는 없던 윤리적 딜레마에 대한 깊이 있는 사회적 논의가 이루어져야 한다.

하이브리드 관계와 인간 정체성의 확장

궁극적으로 디지털 반려 시대는 인간의 정체성이 확장되는 시대를 의미한다. 나의 정서적 안정과 애착 관계, 나아가 '나'라는 정체성을 구성하는 데 실제 반려동물뿐만 아니라 AI와 같은 디지털 존재가 함께 참여하는 '하이브리드 관계(Hybrid Relationship)'가 보편화될 것이다. 이는 디지털 반려의 시대가 '기술이 반려동물을 대체하는 시대'가 아니라, '기술이 인간과 동물의 관계를 재정의하고 확장하는 시대'임을 의미한다.

이 거대한 변화의 흐름 속에서 우리는 기술의 발전에만 주목할 것이 아니라, 그 변화가 우리 자신에게 던지는 근본적인 질문에 귀를 기울여야 한다. 기술을 통해 우리는 어떻게 사랑하고, 어떻게 돌보며, 어떻게 연결되는가? 이 질문에 대한 답을 찾아가는 과정이야말로 디지털 반려 시대를 살아가는 우리가 마주한 가장 중요한 심리학적, 철학적 과제가 될 것이다.

Pet
Behavioral
Psychology

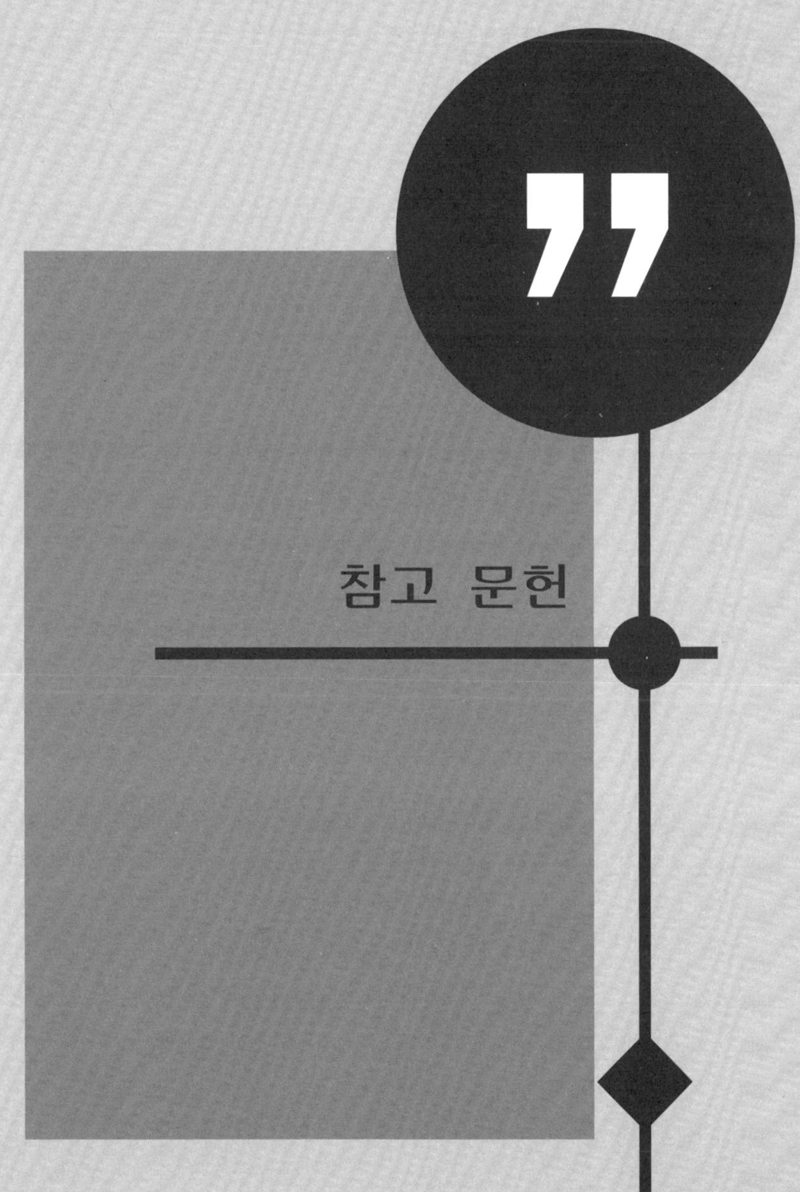

참고 문헌

국내 문헌

- 김민준. (2023). 『펫스타그램 현상과 자기표현의 심리학』. 서울: 사회문화연구소.

- 김선아, & 박현정. (2023). 『반려견 행동 문제의 이해와 실제: 기능 분석적 접근』. 서울: 학지사.

- 김지혜. (2023). SNS 이용자의 사회적 비교 성향이 반려인으로서의 주관적 안녕감에 미치는 영향. 『한국심리학회지: 사회 및 성격』, 37(2), 45–68.

- 김지현, 이수영, & 박영준. (2021). The physiological and psychological effects of animal-assisted therapy on adults with depression. 『Journal of Korean Neuropsychiatric Association』, 60(4), 321–329.

- 김진희. (2021).『반려동물 상실의 심리학: 인간-동물 관계에서의 애도 이해』. 서울: 휴머니타스.
- 박서현. (2022).『도시, 고독 그리고 반려동물: 현대인의 정서적 안전망에 대한 사회심리학적 고찰』. 파주: 한울아카데미.

- 박상연, & 이은정. (2023). Generational differences in the perception of pet loss and grief in South Korea.『Korean Journal of Clinical Psychology』, 42(1), 85–102.

- 이수진. (2021). 1인 가구의 반려동물 애착이 정신건강에 미치는 영향: 사회적 지지의 매개효과.『한국가족관계학회지』, 26(1), 111–135.

- 이웅종. (2021).『세상에 나쁜 개는 없다: 반려견 문제 행동 교정의 모든 것』. 파주: 위즈덤하우스.

- 최신현. (2024). 『동물행동학과 복지: 이론과 적용』. 서울: 서울대학교출판문화원.

- 최유진. (2024). 미디어에 재현된 '이상적 반려생활'이 보호자의 양육 스트레스에 미치는 영향. 『미디어와 사회』, 15(1), 88–115.

해외 문헌(이론, 고전)

- Ainsworth, M. D. S., Blehar, M. C., Waters, E., & Wall, S. (1978). Patterns of attachment: A psychological study of the Strange Situation. Lawrence Erlbaum.

- Allport, G. W. (1985). The historical background of social psychology. In G. Lindzey & E. Aronson(Eds.), Handbook of social psychology(3rd ed., Vol. 1, pp. 1-46). Random House.

- American Psychiatric Association. (2013). Diagnostic and statistical manual of mental disorders(5th ed.). American Psychiatric Publishing.

- Bandura, A. (1977). Social learning theory. Prentice Hall.

- Baudrillard, J. (1981). Simulacra and simulation. University of Michigan Press.

- Bourdieu, P. (1984). Distinction: A social critique of the judgement of taste. Harvard University Press.

- Bowlby, J. (1969). Attachment and loss: Vol. 1. Attachment. Basic Books.

- Festinger, L. (1954). A theory of social comparison processes. Human Relations, 7(2), 117-140.

- Goffman, E. (1959). The presentation of self in everyday life. Doubleday Anchor.

- Kübler-Ross, E. (1969). On death and dying. Scribner.

- Pavlov, I. P. (1927). Conditioned reflexes: An investigation of the physiological activity of the cerebral cortex

(G. V. Anrep, Trans.). Oxford University Press.

- Rogers, C. R. (1961). On becoming a person: A therap-
  ist's view of psychotherapy. Houghton Mifflin.

- Sapolsky, R. M. (2004). Why zebras don't get ulcers: The
  acclaimed guide to stress, stress-related diseases, and
  coping. St. Martin's Griffin.
- Skinner, B. F. (1953). Science and human behavior. Mac-
  millan.

- Veblen, T. (1899). The theory of the leisure class: An
  economic study of institutions. Macmillan.

- Zajonc, R. B. (1965). Social facilitation. Science, 149(3681),
  269-274.

영어 문헌-반려동물·애착·복지

- Adams, C. L., Bonnett, B. N., & Meek, A. H. (2000). Owner attachment and pet demographics as risk factors for pet euthanasia. Journal of the American Veterinary Medical Association, 217(8), 1131-1139.

- Archer, J. (1997). Why do people love their pets? Evolution and Human Behavior, 18(4), 237-259.

- Beck, A. M., & Katcher, A. H. (1996). Between pets and people: The importance of animal companionship. Purdue University Press.

- Bradshaw, J. (2011). In defence of dogs: Why dogs are smarter than you think. Penguin Books.

- Doka, K. J. (Ed.). (2002). Disenfranchised grief: New directions, challenges, and strategies for practice. Research Press.

- Fine, A. H. (Ed.). (2019). Handbook on animal-assisted therapy: Foundations and guidelines for animal-assisted interventions(5th ed.). Academic Press.

- Friedmann, E., & Son, H. (2009). The human-companion animal bond: A context for scientific inquiry. In A. H. Fine(Ed.), Handbook on animal-assisted therapy: Theoretical foundations and guidelines for practice(pp. 23-44). Academic Press.

- Horowitz, A. (2009). Inside of a dog: What dogs see, smell, and know. Scribner.

• Kim, J., Lee, S., & Park, Y. (2021). The physiological and psychological effects of animal-assisted therapy on adults with depression. Journal of Korean Neuropsychiatric Association, 60(4), 321-329.

• Lagoni, L., Butler, C., & Hetts, S. (1994). The human-animal bond and grief. W. B. Saunders.

• Levinson, B. M. (1969). Pet-oriented child psychotherapy. Charles C. Thomas.

• Lindsay, S. R. (2001). Handbook of applied dog behavior and training, Volume 2: Etiology and assessment of behavior problems. Iowa State University Press.

• Melson, G. F. (2003). Child development and the human-companion animal bond. American Behavioral Scientist, 47(1), 31-39.

- Mills, D., Demontigny-Bédard, I., & Gruen, M. (2013). Pain and problem behavior in cats and dogs. In D. Mills, E. D. Levine, & J. Taylor(Eds.), Canine and feline behaviour and welfare. CABI.

- Odendaal, J. S. J., & Meintjes, R. A. (2003). Neurophysiological correlates of affiliative behaviour between humans and dogs. The Veterinary Journal, 165(3), 296-301.

- Overall, K. L. (2013). Manual of clinical behavioral medicine for dogs and cats. Elsevier.

- Panksepp, J. (1998). Affective neuroscience: The foundations of human and animal emotions. Oxford University Press.

- Zilcha-Mano, S., Mikulincer, M., & Shaver, P. R. (2011). An attachment-based model of compassionate love and caregiving for pets. Journal of Research in Personality, 45(3), 239-252.

해외 문헌(동물권·윤리)

- Regan, T. (1983). The case for animal rights. University of California Press.

- Singer, P. (1975). Animal liberation: A new ethics for our treatment of animals. HarperCollins.